Avant la cérémonie

Naïm Kattan
Avant la cérémonie

ISBN-10 : 2-9809556-0-4
ISBN-13 : 978-2-9809556-0-0

Couverture : "*Winged Figure Seated Upon a Rock*",
par Abbott Handerson Thayer (1903)
Mise en pages : MANUEL SALGADO (www.papyruz.com)
Directeur littéraire : GILLES KRIEF
Éditeur : NATANIA ÉTIENNE

Dépôt légal : quatrième trimestre 2006
Bibliothèque nationale du Québec
Bibliothèque nationale du Canada

Les Éditions du Marais
5562 Glencrest
Côte St Luc (Québec)
H4V 2L9 Canada
Télephone : (+ 1) 514 486 6456
Télécopieur : (+ 1) 514 486 0764
Courriel : editionsdumarais@videotron.ca

Naïm Kattan

Avant
la cérémonie

THÉÂTRE

Éditions du Marais
Montréal, 2006

DAVID. Le père de Ruth.
Cinquante-cinq ans.
Habillé simplement. Sans cravate.

BENJAMIN. Le futur gendre de David.
Trente ans.
Élégant, soigné.

RUTH. La fille de David et Miriam. La fiancée.
Vingt huit ans.
Soignée.

MIRIAM. Ex femme de David. Mère de Ruth.
Dans la cinquantaine.
Habillée avec recherche.
Maquillée ostensiblement.

RIFKAH. Mère de Benjamin.
Soixante cinq ans.
Habillée simplement.

Scène 1

Chez Rifkah.
Appartement cossu à Côte Saint-Luc.
Des reproductions. Des bibelots sans goût personnel.
Meubles de style.
Des imitations Louis-Seize et Chippendale.

Benjamin ouvre la porte. Il porte la valise de David
qui l'accompagne. Pose la valise à l'entrée.

DAVID

(Fait le tour du salon du regard). Ho Ho ! C'est drôlement luxueux. Cela ne ressemble nullement à l'appartement que tu m'as décrit.

BENJAMIN

C'est confortable. Sans plus. Ma mère ne revient que la veille du mariage. Tu seras tout seul, tranquille.

DAVID

Et toi ?

BENJAMIN

Moi ? J'ai mon propre appartement. Nous y habiterons Ruth et moi. Nous allons y rester pendant quelques mois. On verra plus tard. Ruth souhaite qu'on achète une maison. Elle veut avoir une maison à elle. Mais cela ne presse pas.

DAVID

(Fait le tour du salon puis s'installe sur un fauteuil). Tu es très gentil, Ben. *(Rit)* Tu t'occupes admirablement de ton futur beau-père.

Benjamin

Mon beau-père ! Il a fallu l'arracher à l'ombre, le sortir de sa cachette. En fait, je te connais à peine. Et ta fille, Ruth, encore moins.

David

(*Inquiet*). Dis-moi. Comment est-elle ? A-t-elle envie de me voir ?

Benjamin

(*Songeur*). C'est très compliqué. Tu sais, au début, quand elle me parlait de toi c'était, comment le dire, comme si elle ne voulait pas se rendre compte de ton existence. Je savais, moi, qu'un mal la rongeait. Je ne le savais que trop bien. Moi aussi, j'avais souffert de la perte de mon père.

David

Comment cela ? Tu ne m'en as jamais parlé.

Benjamin

Il a abandonné ma mère quand j'avais cinq ans. Pour une autre femme. Cela n'a pas marché avec cette femme mais il n'osait plus revenir. Pendant vingt ans, il envoyait des chèques. Tous les mois. Il se déplaçait constamment. Il allait de ville en ville, surtout aux États-Unis. Chaque mois, un chèque était expédié du Texas, de la Californie, de New York. Quelques fois de Londres ou de Francfort. Sans indication d'adresse. Jamais.

David

Qu'est-ce qu'il faisait comme travail, ton père ?

Benjamin

Je ne l'ai jamais su au juste. Dans la finance. À vingt ans j'ai fait des tentatives pour le retrouver. Après plusieurs années de recherches, j'ai fini par dénicher une adresse à Boston. Je m'y suis rendu. Sans le prévenir. Un appartement dans le centre-ville. J'ai sonné. Il m'a ouvert. C'était lui. Des cheveux blancs, le visage ridé, le regard fatigué, fuyant. C'était cela mon père ? Je tremblais de tout mon corps. J'étais sur le point de rebrousser chemin. Qu'est-ce que vous voulez ? M'interpella-t-il. Une voix à peine audible. Un chuchotement. J'étais immobile. Je ne pouvais pas bouger. Était-ce la curiosité ? La pitié ? Qui êtes-vous ? Me demanda-t-il. Je suis ton fils ! Je murmurais. Il leva les yeux, me regarda. Je suis entré dans l'appartement comme par effraction. Une table, des chaises. Rien d'autre. Ni livres, ni photos ! Rien. Eh bien, me dit-il. Il était las, indifférent. Il me regardait à peine. As-tu besoin de quelque chose ? Non, dis-je. Je sentais monter en moi l'exaspération, la colère. Non. Je n'ai besoin de rien. Tu es mon père. Je voulais te voir, te connaître. Sais-tu ce qu'il m'a répondu ? Eh bien, tu m'as vu ! Et il m'indiqua des yeux la sortie. Je suis parti. Je pouvais à peine marcher. J'ai pleuré pendant des jours, des semaines. J'ai mis longtemps à m'en relever.

DAVID

Et ta mère ?

BENJAMIN

Je ne lui ai rien dit. Quelques mois plus tard, j'ai reçu une lettre d'un notaire de New York. Mon père était mort et il m'a laissé ce qui lui restait comme fortune. Dans son testament, j'étais le seul héritier.

DAVID

Ta mère ne s'est-elle jamais remariée ?

BENJAMIN

Non. Pendant plusieurs années, un homme venait la voir une ou deux fois par semaine. L'oncle Max. Très gentil. Il m'apportait souvent des livres, des magazines. J'ai appris plus tard qu'il était marié, qu'il avait femme et enfants. Puis, quand j'ai eu treize ou quatorze ans, il a cessé de venir. Ma mère sortait parfois le soir avec des amis. Des femmes et sans doute des hommes. Elle ne m'en parlait pas et je ne posais pas de questions. Ce n'est que l'an dernier qu'elle m'a appris que l'oncle Max avait cessé de lui rendre visite quand il a eu un infarctus. Il était resté paralysé et puis, après quelques mois, il a été emporté par une deuxième attaque. Maman l'avait appris par le journal.

DAVID

C'est une histoire bien triste.

BENJAMIN

Pas vraiment. Ma mère m'a comblé d'amour. Je n'ai jamais su ce que pouvait être un père. Cela m'a sûrement manqué mais je ne saurais pas dire comment, de quelle manière.

Silence

BENJAMIN

(Rit). Il faudrait peut-être que je te le dise. J'ai connu Ruth juste après mon retour de Boston. J'allais devenir ingénieur. Comme mon père. Il avait peu pratiqué sa profession. Après l'avoir vu, j'ai changé. J'ai opté pour le droit. J'ai rencontré Ruth à l'Université. À notre première sortie, j'étais encore sous le choc, désemparé. Je lui ai raconté ma sinistre rencontre avec mon père. C'est alors qu'elle m'apprit qu'elle aussi ne connaissait pas son père en ajoutant, par bravade je crois, qu'elle n'avait aucune envie de le connaître. Plus tard, j'ai dû recourir à des subterfuges, à des acrobaties mentales pour l'interroger. J'ai fini par découvrir la piste. Cela faisait longtemps que je voulais visiter Israël. Dès que j'ai appris que tu y étais, j'ai fait mes bagages et je suis parti à ta recherche.

DAVID

(Éclate d'un rire affectueux). J'ai été plus accueillant que ton père, j'espère.

BENJAMIN

Évidement. Mais tu sais, parfois je m'en veux de n'avoir pas deviné à temps, de n'avoir pas su lire la mort qui était inscrite sur son visage. J'avais connu mon père alors que la vie l'abandonnait, le quittait. *(Il consulte sa montre).* Il faut que je m'en aille. J'ai promis à Ruth d'aller la chercher à son bureau. Elle ne sait pas encore que tu es là. Je veux lui faire la surprise. Je lui ai dit seulement que tu tenais à assister à notre mariage.

DAVID

Et comment a-t-elle accueilli cette nouvelle ?

BENJAMIN

Elle a d'abord feint l'indifférence. La curiosité a pris ensuite le dessus. Puis ce fut l'appréhension, la peur, la panique. Je crois qu'elle ne sait pas si c'est l'amour qui lui fait peur. Elle ne m'en parle pas clairement mais je peux sentir qu'elle ne sait pas si ce n'est pas son propre amour qui lui fait peur. Elle se demande si elle est capable de recevoir et de donner. Tu sais, je dois te le dire, c'est très important pour moi aussi, pour notre amour à nous deux.

DAVID

N'aie aucune crainte. Tout ira bien.

~ Rideau ~

Scène 2

L'appartement de Benjamin au centre-ville.
Sobre. Une table. Des chaises.
Un bouquet de fleurs dans un vase.
Une affiche de Jérusalem au mur.
Une photo de Ruth. Une menora.

Benjamin et Ruth.

Benjamin embrasse Ruth.

RUTH
(Rit, se dégage). Attends. Nous ne sommes pas encore mariés. Tu ne sais pas que...

BENJAMIN
Je sais tout. Je sais surtout que je t'aime.

RUTH
Euh ! Moi aussi, mon chéri. Mais ce n'est pas le moment. Mon père va arriver d'un moment à l'autre.

BENJAMIN
Il ne sait pas encore comme sa fille est belle.

RUTH
(S'assombrit. Pensive.)

BENJAMIN
Tu dois être impatiente.

RUTH
Je ne sais pas.

BENJAMIN
Je te sens fébrile.

RUTH

Je le suis.

BENJAMIN

As-tu peur ?

RUTH

Non. Pas vraiment. En fait, oui. Un peu.

BENJAMIN

Tu dois être terriblement curieuse.

RUTH

Pendant toutes ces dernières semaines, je l'étais,
oui. Mais on dirait que je le suis moins maintenant.

BENJAMIN

Vingt ans ! Vingt ans sans voir ton père ! Je sais
ce que c'est, je t'assure.

RUTH

Cela ne t'a rien donné de voir ton père, toi.

BENJAMIN

Ce n'est pas la même chose du tout. *(Silence)*. Ton
père est un homme, comment dire, un homme
droit. Il n'a pas fui. Il n'est pas parti avec une autre
femme. Il ne t'a pas abandonnée. En fait, à quelle
heure as-tu donné rendez-vous à ta mère ?

RUTH

Dans une heure. Elle est plus fébrile que moi.
Je ne sais vraiment pas ce qu'elle attend. Elle est
libre. Et mon père est seul. Du moins elle le
croit. Et ils ont tous les deux raté leur vie.

BENJAMIN

Je ne dirais pas cela de ton père. Oui. Sa femme l'a quitté, l'a abandonné et il n'a pas vraiment connu sa fille. *(La serrant contre lui.)* Sa merveilleuse fille. Et puis, il n'est plus tellement seul. Tu sais, ton père a eu la vie qu'il voulait. Juif, il voulait vivre parmi les Juifs. Construire avec eux un pays. Il est certain qu'aucun rêve ne peut être à la hauteur de la réalité. Lui, au moins, il a réalisé son rêve, l'a vécu.

RUTH

Je me le demande. A-t-il vraiment voulu vivre en Israël ?

BENJAMIN

Et comment ! Cela fait trente ans qu'il y est. Ce n'est pas sa faute si sa femme n'a pas voulu y rester...

RUTH

Il aurait pu s'interroger, se poser des questions. Tu m'as souvent dit qu'il a toujours pensé à sa fille perdue. Pourquoi alors pendant toutes ces années, n'a-t-il jamais voulu remettre les pieds à Montréal, ne s'était jamais soucié de sa fille, de sa...

BENJAMIN

Tu oublies que ta mère vivait avec un autre homme, qui est, comme de juste, son cousin...

RUTH

Tout de même. Il avait une fille...

BENJAMIN

Qui a suivi sa mère.

RUTH

J'étais une enfant. J'avais huit ans.

BENJAMIN

Tu as néanmoins choisi de partir avec ta mère.

RUTH

Je n'aimais pas l'école. Je n'aimais pas l'appartement, ni la rue ni la ville. Et il parlait de retourner au kibboutz. S'il avait vraiment voulu me
garder, il aurait insisté...

BENJAMIN

C'était un homme blessé. Essaie de comprendre. Chut. J'entends des pas dans le couloir...
Cela doit être lui.

*Silence. On sonne. Benjamin ouvre la porte, accueille
David le prend par le bras.*

BENJAMIN

« *Barouch Haba* ». Bienvenue

*David a les yeux fixés sur Ruth. Elle est debout et
reste inerte.*

DAVID

(S'avance vers Ruth). Ruth... Mais tu es devenue
une femme.

Benjamin fixe Ruth du regard. Hébétée, elle avance, hésitante, tend les bras, les mains ouvertes. David pose sa main sur son bras, l'attire vers lui, la serre, l'embrasse.

DAVID
Ruth. Ma fille ! Tu es ma fille !

David pleure puis s'écarte pour regarder Ruth. Sans gêne il essuie ses larmes. Rit.

DAVID
(Le regard dirigé vers Benjamin). Quelle belle fille Ben ! Tu en as de la chance ! Tu vas en prendre bien soin.

Figée, raide, Ruth baisse les yeux. David avance doucement sa main, lui caresse le visage, lui fait lever la tête.

DAVID
Et dire que c'est ma fille ! C'est une belle femme, Ben ! Une vraie belle femme !

BENJAMIN
(Souriant). Je le sais. Elle te ressemble. Cela ne m'avait pas frappé auparavant.

RUTH
(Regarde son père de biais). Tu es encore si jeune. *(Sourit).*

DAVID
(Rit). Pourquoi encore ? Je suis toujours jeune.

(Se tourne vers Benjamin). Si tu nous offrais à boire ! Il faut fêter... Oui. Oui. Je sais, on va fêter pendant des jours et des jours votre mariage...

Benjamin se retire, s'en va vers la cuisine. David et Ruth, seuls, se regardent embarrassés.

DAVID

Et dire que tu n'étais qu'une petite fille, la dernière fois que je t'ai vue... Comme si c'était hier ! Le temps passe.

RUTH

Oui, en effet, beaucoup de choses se sont passées.

DAVID

Hier, je me suis promené dans la ville. Montréal a drôlement changé. C'est une ville, comment dire, qui a ses beautés. Quand je suis parti, le Boulevard Saint Laurent était encore un quartier juif.

RUTH

Tu n'aimais pas beaucoup Montréal, je crois.

DAVID

Peut-être. Cela me semble si loin tout cela !

RUTH

Je te comprends. Moi aussi je me sens souvent à l'étroit ici. Comme s'il n'y avait de réel à Montréal que le passé et, peut-être aussi, l'avenir. C'est Ben qui me réconcilie avec la ville, probablement parce qu'il me réconcilie avec moi-même, avec ma propre vie.

Silence.

DAVID

Tu as fait le Droit, me dit Ben.

RUTH

Et Sciences politiques. Je travaille au ministère de l'Environnement. Comme tu vois, on ne fait pas toujours ce que l'on veut.

DAVID

Et qu'est-ce que tu voulais ?

RUTH

Je voulais être diplomate. Voyager. Puis j'ai dû m'occuper de maman. Maintenant cela va mieux. Cela va bien, elle n'a plus besoin de moi. Du coup, j'ai perdu le goût de partir.

DAVID

Tu n'as pas eu envie d'accompagner Ben en Israël ?

RUTH

Il ne me l'a pas proposé. Je crois qu'il voulait faire le voyage seul. Il ne m'avait pas dit qu'il partait à ta recherche...

DAVID

C'était incroyable. Il t'a raconté ?

RUTH

Pas vraiment.

Entre Benjamin avec un plateau et des verres.

BENJAMIN

Voici du citron pressé. La boisson préférée de Ruth.

DAVID

Et la mienne aussi.

BENJAMIN

Ce ne sont pas les citrons d'Israël.

DAVID

Parlant d'Israël, je demandais justement à Ruth si tu lui avais fait part de tes aventures.

BENJAMIN

À peine. Cela ne semblait pas beaucoup l'intéresser. Je te laisse volontiers le plaisir de le faire.

RUTH

(Consulte sa montre. S'adresse à Benjamin). À quelle heure as-tu donné rendez-vous à maman ?

BENJAMIN

Dans un quart d'heure. Nous avons le temps.

RUTH

Et comme elle est toujours en retard...

DAVID

Un jour, tôt le matin, je reçois un appel d'un de mes anciens adjoints à la banque. On te cherche, m'annonce-t-il. Un Canadien parcourt le pays, il cherche tes traces. Cela faisait deux ans que j'avais quitté la banque. Je m'étais recyclé comme on dit dans la comptabilité. Je ne sais pas si Ben te l'a dit. Je fais encore la comptabilité pour quelques entreprises. Je n'ai plus de bureau. Je travaille surtout chez moi. Un Canadien. Je connais si peu de Canadiens...

RUTH

Tu n'étais plus au kibboutz ?

DAVID

Cela fait dix-huit ans que je n'y suis plus. Après le départ... votre départ... j'y étais allé comme à un refuge, en retraite du monde. Heureusement qu'on m'a accepté, accueilli. Je réclamais un travail physique, manuel. Je voulais, par la sueur, par la respiration, me fondre dans le pays, me dissoudre dans la terre. Mais, comme tu sais, les rêves, même quand ils se transforment en passions, ne durent pas.

RUTH

Je croyais que tu étais pourtant attaché à Israël.

DAVID

Je l'étais et je le suis encore tout autant mais d'une autre manière. D'une façon plus calme. Tu vois, il y a Israël mais il y a aussi les Israéliens. J'allais presque dire malheureusement. Si j'ai quitté le kibboutz, c'est justement parce qu'on était trop collé les uns aux autres. On m'avait beaucoup soutenu, beaucoup aidé quand j'y étais entré. De mon côté, je faisais preuve de tant d'acharnement dans le travail... Je ne cherchais même plus à oublier. J'étais ailleurs, tout simplement. Plus tard, quand c'est devenu insupportable, je suis parti. Certains me conseillèrent de rentrer chez moi. Il n'en était pas question. Pour retrouver qui ? Personne ne m'attendait.

Silence. David fixe Ruth du regard.

DAVID

Excuse-moi. Je ne voulais pas revenir sur le passé. Je ne veux surtout pas m'emporter. Je ne me plains pas.

RUTH

C'est toi qui voulais aller en Israël.

DAVID

Oui, c'est sûr... Où en étais-je ? Après le kibboutz, j'ai erré dans le pays. J'ai travaillé comme ouvrier dans une manufacture de vêtements, puis comme ouvrier agricole dans un mochav, dans une ferme collective privée, dans le Néguev. Puis j'ai rencontré quelqu'un et je me suis fixé à Tel-Aviv. Je me suis souvenu alors qu'après le Droit, j'avais commencé à Montréal des études pour devenir comptable agréé. *(Rit)*. On m'a engagé dans une banque. Le soir, je poursuivais mes études. Pour obtenir le diplôme de comptable agréé. Puis je m'étais trouvé à nouveau seul et j'ai demandé d'être transféré. Ce fut d'abord Jérusalem, puis Haïfa. Je connais bien le pays maintenant.

BENJAMIN

Et tu l'aimes.

DAVID

Je l'aime comme tu dis. Quelques fois. Pas tou-jours. Pas tous les jours. Je n'ai rien d'autre.

BENJAMIN

(Rit). Pauvre toi ! Tu sais bien que ce n'est pas vrai.

DAVID

Ai-je l'air de me plaindre ? Je ne sais pas. C'est peut-être le pays. En Israël, quand on ne se vante pas, on se plaint.

BENJAMIN

(À Ruth). Je dois te prévenir ma chérie. Ton père ne cesse de critiquer Israël mais gare à toi si tu oses exprimer la moindre réserve.

DAVID

(À Ruth). Il faudrait que tu viennes voir par toi-même. Tu n'es même pas obligée de me faire signe...

RUTH

Ben parle de Tel-Aviv avec un tel enthousiasme...

DAVID

C'est qu'il n'y vit pas.

RUTH

Cela a dû beaucoup changer.

DAVID

Oui, terriblement et pas toujours pour le mieux.

RUTH

L'enthousiasme de Ben pour Israël est tellement fort qu'il me paraît parfois suspect...

BENJAMIN

Tu ne me feras pas changer d'avis. Même ton
père n'y a pas réussi. En dépit de ses efforts.
Chez lui, cela ressemblait souvent à de l'acharnement.

DAVID

Ben, je suis très ému que tu aimes Israël mais je
veux que tu le fasses en connaissance de cause.
On ne peut pas aimer sans connaître.

BENJAMIN

Que si ! J'aime Ruth et je la connais à peine.

RUTH

Cela vaut peut-être mieux.

BENJAMIN

J'entends des pas dans le couloir. Cela doit être
ta mère.

*Silence. On sonne. Entre Miriam. Cheveux grison-
nants. Élégance prononcée. Tailleur gris. Chemisier
rouge.*

MIRIAM

(*À Benjamin*). Je suis en retard. Excuse-moi. Il
est impossible de stationner dans ton quartier.
(*Embrasse Ruth*). Tu es splendide ma chérie.

Moment d'hésitation. Silence. David s'avance vers Miriam, lui tend la main

DAVID
Bonjour Miriam.

MIRIAM
Bonjour David. Regarde dehors, par la fenêtre. Il fait tellement beau. On sort enfin de l'hiver. Parfois on se demande si la neige ne va pas continuer toute l'année. Et quand il fait beau, on a envie de sortir, de fêter, de vivre.

Silence.

RUTH
(À Miriam). Tu as l'air en pleine forme, maman.

MIRIAM
(Emphatique). Bien sûr que je le suis. Ma fille se marie, mon futur gendre est un gentil garçon et le soleil brille.

RUTH
(À David). Il doit faire déjà chaud en Israël.

DAVID
Quand j'étais parti, il faisait bon. Pas vraiment chaud.

MIRIAM
(À Ruth). Je suis allée hier chez le fleuriste. Tout est en ordre. On t'a livré la robe j'espère.

RUTH

Pas encore. Elle était promise pour demain.

MIRIAM

Nous sommes à quatre jours du mariage. Il n'y a pas de temps à perdre.

BENJAMIN

(*À voix basse*). La cérémonie sera très simple, très intime.

MIRIAM

(*À Benjamin*). As-tu parlé à ta mère ?

BENJAMIN

C'est elle qui m'a téléphoné. Elle n'arrivera que la veille du mariage. Tu sais, pour lui faire manquer sa partie de bridge...

MIRIAM

Heureusement qu'elle a cela. (*Se tournant vers David*). La mère de Ben est une femme admirable. Simple. Directe. Et Dieu sait qu'elle a eu une vie compliquée.

RUTH

Et tu sais, papa, elle a envoyé Ben dans une école juive même si elle était indifférente à toute pratique et que son père n'était plus là. Au début, Ben m'ennuyait avec son judaïsme. Et pourtant, il n'en parlait presque pas. Il n'avait pas besoin de le faire. Il en est imprégné.

MIRIAM

(*À David*). Il paraît que tu es revenu toi-même à la religion.

Silence

DAVID

(Lentement). La religion ? Je ne sais pas vraiment. Le judaïsme, oui. Pour moi, ce n'est pas une religion. Même quand je vais à la synagogue, c'est autre chose.

MIRIAM

Tu vas à la synagogue ?

DAVID

Oui.

RUTH

Si ce n'est pas une religion, c'est quoi alors ?

DAVID

C'est autre chose.

BENJAMIN

Une manière de vivre le quotidien. Une manière de manger, de se laver, de s'habiller même.

MIRIAM

Quelle horreur. Je n'ai jamais accepté de prison et sûrement pas celle-là.

Benjamin et David se regardent en silence.

RUTH

Cela peut ne pas être une prison, maman.

MIRIAM

Toi aussi maintenant ?

RUTH

Moi aussi quoi ? Tout ce que je dis c'est qu'on peut être catholique, bouddhiste ou juif sans se sentir nécessairement enfermé.

MIRIAM

Et déjà, comme avant goût, tu nous convies tous à la synagogue.

RUTH

Mais maman, tu le savais dès le début. C'était même toi qui nous avais signalé cette synagogue.

MIRIAM

(À *voix basse*). C'est vrai. Pour moi ce n'est qu'une cérémonie. Une formalité. Pas une manière de vivre.

BENJAMIN

J'ai appris une chose en Israël. On peut entrer dans une synagogue et en sortir sans avoir à s'expliquer. Sans dire pourquoi et sans même le savoir. Non. Ce n'est pas une impulsion mais plutôt un sentiment obscur et inexplicable. La première fois que je suis allé en Israël, j'avais quinze ans. Un voyage organisé par l'école. Pour moi ce n'était pas un pays, encore moins une société. Il s'agissait d'une idée, une page écrite dans chacun de mes livres d'études. Je croyais alors avoir tout vu, tout compris. Des traces, oui. Des lieux. Des signes. Tout au plus des signes. C'est dire que je n'avais réellement rien vu. Cette fois, je suis parti tout fier, tout heureux de mon bagage. Je portais le judaïsme comme un emblème. Invisible, oui, mais en Israël, me disais-je, il devait éclater au regard. Mais, une fois là, j'ai parcouru le pays à la recherche des Juifs. Ils n'étaient plus là. Oh oui, il y avait plein de barbus, d'hommes habillés en noir et de touristes à kipa. Mais dans les restaurants, les autobus, dans la rue il n'y avait plus de Juifs. Pas comme je les connaissais, pas comme je les voyais. En fait, pas comme je les imaginais.

DAVID

Tu n'as pas vécu en Israël, Ben. Il peut exister une autre dimension...

BENJAMIN

C'est un peu pour cela que je te cherchais. Oui, c'est sûr, je voulais connaître le père de Ruth.

MIRIAM

Ou un substitut de ton père...

BENJAMIN

(*La regarde interloqué*). Peut-être. Oui, c'est fort possible même si cela fait fort longtemps que j'ai fait le deuil. Ce qui importe c'est que je sois là, vivant. Ruth est ma femme.

MIRIAM

Ruth va le devenir...

BENJAMIN

(*Ferme*). Ruth est ma femme. Le rabbin, que tu as choisi d'ailleurs, va bénir notre union. Mais celle-ci est bel et bien là, vivante. *(Se tournant vers David)*. Je te cherchais en fait pour savoir comment on peut vivre en Israël et rester juif. *(Miriam et Ruth rient)*. Ne riez pas. Tu as raison David. Je n'ai pas vécu en Israël. Je... nous le ferons peut-être un jour. Pour l'instant, je ne crois pas que ce soit nécessaire. Tu m'as ouvert les yeux...

DAVID

Je ne t'ai rien dit. J'ai passé l'âge des discours. *(Regarde Miriam de biais puis détourne les yeux)*.

BENJAMIN

Justement. Je n'avais pas besoin de discours.

MIRIAM

(À Ruth). As-tu reçu toutes les réponses aux invitations ?

RUTH

Je crois. La plupart des gens ont téléphoné. Tu sais, on ne sera pas nombreux.

MIRIAM

Il fait chaud, vous ne trouvez pas ?

BENJAMIN

On peut ouvrir la fenêtre.

MIRIAM

Ce n'est pas nécessaire. Je crois que je vais sortir prendre un peu d'air.

Miriam se lève, quitte la scène précipitamment.
Silence.

DAVID

Je vais moi aussi vous quitter. Vous avez beaucoup
à faire et je veux voir encore un peu la ville.

RUTH

(Désemparée). Je ne sais pas ce que vous avez subitement tous les deux. On dirait que rien n'est
encore réglé entre vous.

DAVID

(Se lève, va vers elle. Elle se lève à son tour et il la
serre par la taille). J'ai une fille. Maintenant, j'ai
une fille. Tout va bien Ruth, je t'assure. Il ne
faut surtout pas abîmer ta joie. C'est un grand
moment. (À voix basse). Et tu as trouvé un
garçon en or. Prends-en bien soin, car lui, je
sais, va prendre bien soin de toi.

BENJAMIN

(D'une voix tremblante). Je l'aime ta fille.

DAVID

Et elle aussi t'aime. Je le sais, Je le sens, Je n'ai
pas besoin de passer vingt ans avec elle pour la
connaître. C'est ma fille. On se revoit demain.

David les embrasse. Sort.

RUTH

Maman est furieuse. Je la connais.

BENJAMIN

Elle va revenir. Elle m'en veut. Je crois comprendre.

RUTH

Tu comprends tout le monde, toi.

BENJAMIN

(*La prend dans ses bras*). Nous n'allons pas nous disputer, Ruth.

RUTH

(*Pleure*). Non. Cela ne vaut pas la peine. Pourquoi mes parents ne veulent-ils pas participer à notre bonheur ? C'est pourtant tellement simple.

BENJAMIN

Ta mère est malheureuse.

RUTH

Et papa ?

BENJAMIN

Tu dis papa maintenant. C'est tellement beau...

RUTH

(*Découragée*). Comment faut-il que je l'appelle ? Je ne sais plus. Il est si gentil, si doux. Je ne comprends plus rien. Je ne le connais pas mais je sais qu'il est mon père, mon papa.

BENJAMIN

Il a toujours été là. Tu ne t'en rendais pas compte. Et Dieu sait que tu en avais besoin.

RUTH

(*Elle le prend dans ses bras*). Tu es allé le chercher. Tu m'as ramené mon papa.

BENJAMIN

Je l'ai beaucoup cherché pour moi aussi. Ta mère l'a bien senti et elle ne le supporte pas.

On sonne

BENJAMIN

Elle est là. Je m'en vais.

RUTH

Où ?

BENJAMIN

Voir la ville. Je vous laisse.

Entre Miriam

BENJAMIN

(À Miriam). Je partais. Tu m'excuses.

RUTH

(Soulagée). Oui, bien sûr.

Silence

MIRIAM

Je prendrais bien un café.

RUTH

Il en reste justement. Je vais le faire chauffer.

Miriam se promène dans l'appartement.
Ruth revient avec le café.

MIRIAM

(Lentement). Tu es contente de retrouver ton papa ? Papa. Comme tu le dis ! On dirait que tu

savoures chaque syllabe. Papa. C'est mon papa.
Pendant vingt ans il a ignoré mon existence. Il
ne pensait pas qu'il avait une fille. Ma mère
était là pour me faire à manger, pour m'habiller
et pour m'aider à faire mes devoirs. Et soudain
voilà un inconnu qui surgit de l'ombre. Papa.
C'est mon papa.

RUTH

Je ne comprends vraiment pas ta colère, maman.
Comment veux-tu que je l'appelle ?

MIRIAM

Tu n'as pas besoin de l'appeler. Papa !

RUTH

Tu ne l'aimes pas. Je vois bien.

MIRIAM

L'aimer ? C'est un étranger. Il m'est totalement
indifférent. Je n'ai pas à l'aimer ou à le détester.

Silence

MIRIAM

Lui non plus, d'ailleurs. Tu as dû le remarquer.
Il n'a même pas daigné me regarder. Comme si je
n'étais pas là, comme si je n'existais pas. Il a raison.
Il n'existe pas pour moi et je n'existe pas pour lui.
Mais pour toi, c'est ton papa. Et pour Ben ? Pour
lui c'est un double papa, un super papa. Tu vas
voir. Cela ne va pas tarder. Lui aussi va dire, en
savourant les mots, mon papa, mon beau papa.

RUTH

Maman, veux-tu laisser Ben en dehors de cela ?

MIRIAM

Tu as raison. Il n'a rien fait lui. Il a seulement passé des mois à chercher le papa et nous l'a ramené. Et je suis juif et tu es juif et je vis en Israël, et j'aime Israël. Ridicule, Ce serait risible si ce n'était pas si triste.

RUTH

(*S'assoit près d'elle, met son bras autour de son épaule*). Tu es déçue, maman. Je le sais. Je le vois. Cela ne vaut pas la peine. Je t'assure. Calme-toi, maman.

MIRIAM

Je suis calme.

RUTH

(*Pose son bras sur son épaule*). Tu es ma maman et j'ai toujours besoin de toi.

MIRIAM

Pour avoir besoin, oui, tu as besoin. (*Doucement*). Mais c'est ton papa que tu aimes.

RUTH

Je t'interdis... Tu sais bien que je t'aime, que c'est toi que j'aime.

MIRIAM

Pendant vingt ans il ne s'est jamais soucié de ton existence. Il n'a pas levé le petit doigt pour toi. Et c'est lui maintenant le papa.

RUTH

Maman, je ne crois pas que ce soit digne de toi

ou de moi de remettre notre amour en question.

Miriam

Je ne mets pas mon amour pour toi en question.

Ruth

Ce serait encore pire si tu mettais le mien en question. Cela me rend si triste. À quelques jours du mariage...

Miriam

Oui, c'est encore moi. C'est toujours moi. Je vais me taire. Je te le promets.

~ Rideau ~

Scène 3

Même décor. L'appartement de Benjamin.

Ruth et Benjamin sont assis.

On sonne. Benjamin ouvre la porte et accueille David.

RUTH

(Tend la joue et David l'embrasse). Bonjour Papa.
As-tu passé une bonne nuit ?

DAVID

Une nuit de rêve. Je me sens un homme complet.
(Rit). Seul. Toujours seul et enfin complet.

RUTH

(N'a pas l'air de comprendre). Tant mieux.

BENJAMIN

La mère de Ruth va bientôt venir. Ma femme
insiste pour faire admirer ses talents culinaires
à ses parents.

RUTH

Y a-t-il quelque chose que tu ne peux pas
manger, papa ?

DAVID

Je peux tout manger, grâce à Dieu, sauf, bien
sûr le porc et les crustacés.

BENJAMIN

Veux-tu insulter ta fille ? *(Rit).* Tu te trouves
dans une maison juive.

DAVID

Et dans une maison juive on doit, par respect,

se fier au maître de maison. Je demande à Dieu de bénir cette maison.

RUTH

(Gênée). Tu sais, je voulais te prévenir. Maman est un peu nerveuse.

DAVID

Moi aussi, je le suis. Ce n'est pas tous les jours que ma fille se marie. Et dire que j'ai d'abord connu mon gendre ! Un gendre qui parle de sa femme, qui se l'approprie, avant la cérémonie.

BENJAMIN

Ruth est ma femme depuis sa naissance. C'est toi qui m'as appris la leçon talmudique. C'est Dieu qui fait les mariages. En fait, c'est l'essentiel de son travail. Chaque homme naît pour une femme. David, pas toi, le Roi, « *Melech* » David a dû se marier deux fois avant de trouver enfin Bethsabée, sa femme. Moi, j'ai de la chance. J'ai trouvé la mienne du premier coup.

RUTH

(Attendrie). Tu es fou, mon chéri. Mais c'est merveilleux d'avoir un mari fou.

DAVID

(Rêveur). Moi aussi...

RUTH

(Attend). Toi aussi, quoi ?

DAVID

Moi aussi, je crois avoir trouvé...

RUTH

Je veux tout savoir, dans le détail. Maintenant maman va venir. Tu me promets de tout me raconter plus tard. Papa, tu vas être gentil...

DAVID

Je l'ai toujours été.

RUTH

On ne va pas parler du passé aujourd'hui. Je te le demande...

DAVID

Tout ce que tu veux. Je suis tellement heureux de te regarder, tellement comblé, je t'obéirai au doigt et à l'oeil.

RUTH

Alors, tu vas être gentil avec maman.

BENJAMIN

(Range, époussette). On va te laisser seul. Tu es chez toi.

David s'allonge sur le fauteuil, ferme les yeux.
Ruth et Benjamin sont dans la cuisine. Silence.
On sonne. Ruth et Benjamin se précipitent vers la
porte. Entre Miriam.

RUTH

Comme tu es belle maman !

BENJAMIN

Tu t'es habillée pour le mariage. *Rit.* Ce n'est qu'après demain.

DAVID

(*Se lève, la toise*). Tu es bien élégante, Miriam.

MIRIAM

Merci, merci. Qu'est-ce que vous avez tous ? Je portais le même ensemble hier.

DAVID

Avec un autre chemisier.

MIRIAM

(*Surprise*). C'est vrai, tu l'as remarqué ?

Silence

MIRIAM

Je viens d'écouter les nouvelles dans la voiture. Israël va peut-être connaître enfin la paix.

RUTH

On va passer à table, autrement ce sera trop cuit. J'ai suivi ta recette, maman.

DAVID

J'ai hâte de voir cela.

MIRIAM

Je suis en retard, comme toujours. Je suis incorrigible.

Ils quittent la scène. Les lumières s'éteignent.
Deux heures plus tard.

DAVID

(*S'affale sur le fauteuil*). J'ai drôlement bien mangé.

Trop. Je ne sais pas m'arrêter.

BENJAMIN

Cela te change un peu de ta cuisine. (*Rit. Se tourne vers Ruth*). À Tel-Aviv, ton père insistait pour me faire goûter ses plats. Il n'était pas question d'aller au restaurant. Pourtant, ce ne sont pas les restaurants cachers qui manquent à Tel-Aviv.

MIRIAM

Ce sont les autres restaurants qui manquent.

BENJAMIN

Cela a changé ces derniers temps, je t'assure.

MIRIAM

Tu aimes inconditionnellement Israël. Là-bas, tout est bon, tout est merveilleux.

BENJAMIN

C'est vrai.

MIRIAM

(*Agressive*). Qu'est-ce que tu fais alors à Montréal ?

BENJAMIN

(*Interloqué*). Montréal est ma ville. Ma vie est ici. Ma femme, mon travail...

MIRIAM

On peut détester sa ville. (*Regarde de biais David*). On peut tellement la détester qu'on décide de plier bagage et d'aller chercher fortune ailleurs.

BENJAMIN

Ce n'est pas mon cas.

MIRIAM

Pourtant, si tu aimes tellement Tel-Aviv...

Ruth

(Timidement). On peut aimer une ville sans vouloir y vivre. Moi, par exemple, j'adore New York mais ne me parlez pas d'y demeurer...

David

Le monde est rempli de belles villes. On dit que Hong-Kong est une très belle ville et Rio et Vancouver et Paris et Londres aussi. Mais Israël, pour un juif, surtout pour un homme qui découvre qu'il est juif, ce n'est pas la même chose.

Benjamin

C'est vrai. C'est très juste ce que tu dis.

Miriam

(Brutalement). Eh bien, si tu es logique avec toi-même, tu quitteras pays et travail et tu pars...

Ruth

Et moi ? Je compte aussi moi.

Miriam

Tu es la femme. Tu aimes ton mari, alors tu le suis, même si cela ne te plaît pas, même si tu es malheureuse.

Ruth

Je voudrais bien voir...

Benjamin

Il n'est pas question de cela ni pour Ruth, ni pour moi. J'aime Israël. J'aime y être. Je suis persuadé que Ruth aussi l'aimerait...

Miriam

C'est là qu'elle est née. Et elle n'a pas voulu y rester.

BENJAMIN

Elle avait huit ans.

MIRIAM

Et elle n'a pas voulu y rester. Peut-être maintenant que...

RUTH

(L'interrompt). Maman, je me marie après-demain. Ici. À Montréal. Mon mari vit ici. C'est ici qu'il a son travail, ses amis, sa mère... Et moi aussi... Il n'a jamais été question de quitter Montréal. Nous sommes ici chez nous. Dans notre pays.

MIRIAM

Ce que je dis c'est qu'il est très difficile de vivre en contradiction avec soi-même. Quand on croit à quoi que ce soit, une religion, un pays il ne faut pas se contenter de discours...

BENJAMIN

C'est un faux problème, en ce qui me concerne en tout cas. Israël est un merveilleux pays. Il y a là des juifs qui vivent librement leurs rapports avec leur religion. Je peux y aller, mais je n'éprouve pas le besoin d'y rester. Ruth a bien raison. Notre ville est Montréal et notre pays est ici. Une fois qu'on l'a accepté, qu'on l'a dit, on n'a pas besoin de faire une déclaration d'adhésion tous les jours pour l'affirmer. Cela semble naturel et, pour moi, cela va de soi. Du coup, le monde entier devient accessible, toutes les villes sont ouvertes. Israël a une place à part dans mon coeur, une place particulière, mais ce n'est pas mon pays. *(Se tournant vers David)*. Et toi ? Tu es bien silencieux. Tu ne dis rien.

DAVID

Ma fille se marie. Elle fait une cuisine divine. Elle m'a fait manger comme un prince. Je suis bien. Un peu trop. Car je me suis empiffré. Je n'ai pas envie de discuter. Encore moins de me justifier. Une autre fois. Tout ce que je peux dire c'est que nous faisons tous des choix. Chacun de nous. Parfois, malhabilement, aveuglément. Même quand nous croyons que nous sommes parfaitement lucides nous pouvons nous racon-ter des histoires et, encore plus, en raconter aux autres. *(Il se lève)*. Vous allez m'excuser. Je vais vous quitter. J'ai besoin de faire la sieste. Une habitude contractée en Israël. Nous nous ver-rons demain.

David sort

MIRIAM

(À Ruth). Je vais t'aider à faire la vaisselle.

RUTH

(Rit). C'est le travail du mari. Mais pour s'en dispenser, Benjamin a installé un lave-vaisselle.

MIRIAM

Alors moi aussi je vais vous quitter.

~ Rideau ~

Scène 4

Dans l'appartement de Rifkah.
Le lendemain. L'après-midi. Rifkah, bien coiffée,
portant une jupe et un chemisier, range des papiers
alors que David, Ruth et Benjamin prennent un café.

BENJAMIN

Viens t'asseoir avec nous, maman. Cela ne presse pas.

RIFKAH

J'ai bientôt fini. Tu me connais, je ne peux pas laisser traîner...

BENJAMIN

Oui, oui, je sais. Mais le père de Ruth va partir et vous avez à peine eu le temps de faire connaissance...

DAVID

En effet, j'ai fait ma valise. Elle est prête.

RIFKAH

(Les rejoint. À David). Vous auriez pu rester ici. Le salon est confortable et Ben aurait pu installer un lit de camp que j'ai à la cave.

DAVID

Vous êtes bien aimable. Vraiment.

RIFKAH

Mais je suis encombrante. Vous étiez mieux tout seul dans l'appartement.

DAVID

Je ne vous connaissais pas mais les lieux vibraient

de votre présence. Grâce à vous, j'ai passé des jours bien agréables.

RIFKAH

Comme c'est aimable ! Tu entends, Ben ? Les hommes galants n'ont pas complètement disparu. *(À Ruth)*. Il est charmant ton papa.

RUTH

Je sais.

RIFKAH

(À David). Après le mariage, vous pouvez rester quelques jours de plus à Montréal. L'appartement sera libre. Car moi, je repars juste après la cérémonie.

BENJAMIN

Maman participe à un tournoi de bridge.

RIFKAH

Je n'ai aucune chance de gagner. Ils sont très forts ces retraités de Floride

RIFKAH

(À David). Alors ?

DAVID

Je ne peux pas. Je dois partir. J'étais très heureux de revoir Montréal, de redécouvrir ma ville natale. D'ailleurs les enfants vont partir en voyage de noces et je ne connais plus personne ici.

RIFKAH

Et vous aimez Israël.

DAVID

Je ne sais pas Madame.

RIFKAH

Appelle-moi Rifkah. Nous sommes maintenant des parents, non ?

DAVID

Je disais que je ne savais pas. Comment savoir après trente ans ? Il n'est plus question d'aimer ou de ne pas aimer. C'est maintenant mon pays. Tel-Aviv est ma ville même si j'ai vécu un peu partout en Israël. Elle fait partie de moi.

RIFKAH

Mon fils aussi est fou d'Israël. Il faudrait qu'un jour j'y aille moi aussi. Il en était question avant la naissance de Ben mais l'histoire, comme on dit, a pris une autre tournure. Il vaut mieux ne jamais revenir sur le passé. Nous avons si peu de temps à vivre.

RUTH

(À *David*). Je ne connais pas cet hôtel *Journey's End*. Tu sais, pour trois nuits, tu aurais pu aller au Champlain, au Reine Elisabeth.

DAVID

Je n'aime pas ces grands supermarchés. Et puis j'ai des coupons pour cet hôtel. La chambre est déjà payée en Israël.

RIFKAH

Comment est la vie là-bas ?

DAVID

Bien. Normale. Je crois.

Rifkah

Tu sais, je suis née dans une famille émancipée. Mes parents étaient des immigrants venus de Russie et mon père était ouvrier dans une manufacture de vêtements. Il était syndicaliste, révolutionnaire, mais peut-être à cause de ma mère, il célébrait le chabbath et les fêtes. Nous habitions en bordure du quartier canadien français et mon père se faisait un honneur de parler le français, à sa manière, et d'avoir des amis canadiens français. Syndicalistes comme lui et révolutionnaires mais qui n'auraient à aucun prix manqué la messe du dimanche. Alors, quand j'ai grandi, je n'ai même pas eu à me rebeller. Mon père m'approuvait en silence quand je mangeais dans les restaurants sans me soucier s'ils étaient cachères. Ma mère rongeait son frein. Jusqu'à mon mariage. Mon mari, lui aussi juif, était encore plus indifférent que moi à la religion. Ne me demandez pas pourquoi j'ai envoyé mon fils à l'école juive. Par regret ? Par culpabilité ? Parce que j'éprouvais un manque, une nostalgie ? Je ne sais pas. Mais quand mon fils me lit la Torah, je ne comprends pas, ce qui ne m'empêche pas d'avoir les larmes aux yeux.

Ruth

Tu sais, Ben aime Israël mais il n'est pas un fanatique.

RIFKAH

Voyez comme elle le défend. C'est merveilleux, ma chérie. Tu sais, toute ma vie, j'ai rêvé d'avoir une fille. Et te voilà. Maintenant, Ben, tu n'as plus besoin de ta mère.

RUTH

Mais maintenant c'est moi qui ai besoin de toi.

RIFKAH

(À *David*). Tu vois ? Dis-moi comment tu as fait pour la fabriquer ce trésor.

DAVID

Moi aussi je la découvre.

BENJAMIN

Arrêtez de lui faire des compliments car un peu plus et elle ne me trouvera plus à la hauteur.

RIFKAH

(À *David*). Et dis-moi, tu es seul, là-bas ?

DAVID

(*Hésitant*). Pas tout à fait.

BENJAMIN

Mon beau-père a une amie.

DAVID

J'aimerais mieux ne pas en parler.

RUTH

Mais maman ne vient pas cet après-midi. Elle est chez la masseuse. Demain, ce sera le tour du coiffeur.

RIFKAH

Ainsi tu es parti en Israël sur un coup de tête.

David

Mais pas du tout. Je n'aimais pas Montréal. À la maison, on ne pratiquait rien. Mes parents se parlaient peu et quand ils le faisaient c'était pour se disputer. J'avais une soeur qui est morte très jeune, à seize ans. Et mes parents se reprochaient sa mort. Ce n'est que bien plus tard que j'avais compris qu'ils vivaient en présence constante de cette mort. Ils se réfugiaient dans le silence. Le pire silence est celui que l'on s'impose. Si j'ai voulu partir, c'était, peut-être, pour fuir cette maison hantée. À l'Université, à McGill, j'ai fait partie d'un groupe d'étudiants juifs. Nous passions le vendredi soir à la maison Hillel, la maison des jeunes, rue Stanley. C'est là que j'ai découvert Israël. Des conférenciers se succédaient pour nous en chanter les mérites mais je ne les écoutais que distraitement. Puis ce fut la rencontre avec Miriam. Un vendredi soir, elle était là, dans un coin, avec une autre fille. Toutes deux se tenaient à l'écart, ne parlaient à personne. Pour moi, c'était comme un aimant. Elle était si belle. Oh, ce n'est même pas le mot. Elle était assise là, silencieuse, et j'ai senti le monde changer. Je l'ai revue le lendemain et tous les jours suivants. Dès notre deuxième sortie, je lui ai dit que je l'aimais. Elle me crut, ne protesta pas. C'était encore plus bouleversant pour moi que tous les mots. Il ne s'était pas passé une semaine quand je lui ai dit que je voulais l'épouser, qu'elle était la seule, l'unique... Nous fûmes obligés d'attendre. Elle faisait des études en histoire. Elle voulait enseigner plus tard. Et moi, j'hésitais entre le droit et la comptabilité. Regarde Ruth. Elle était aussi enthousiaste que moi pour partir en Israël. Dans sa famille, on observait le chabbath, on cé-lébrait les fêtes par habitude, sans grande con-viction. Nous étions pleinement d'accord pour partir.

RUTH

Elle voulait peut-être te faire plaisir.

DAVID

Me faire plaisir ? Peut-être. Comment le savoir ? Nous étions jeunes, enthousiastes. Tout nous semblait simple et possible alors.

RUTH

Vous êtes tellement différents l'un de l'autre.

DAVID

Oui, c'est vrai, et c'était justement cela qui nous rapprochait, qui nous unissait. Je crois qu'à l'époque, elle m'aimait elle aussi. C'est si facile de nier nos sentiments après coup.

BENJAMIN

Elle a dû recevoir un choc à votre arrivée en Israël.

DAVID

Nous n'avions pas le temps de réfléchir. Ce fut d'abord l'oulpan, pour apprendre l'hébreu, puis la recherche de travail. D'abord, nous avons décidé de vivre dans un kibboutz. Nous n'étions pas fait pour la vie de groupe, ni elle, ni moi. Miriam commençait à être désenchantée, à se poser des questions. Pour moi, il n'existait qu'une route, le chemin qui était devant nous. Puis, miracle, elle attendait un bébé. Pendant plusieurs années, nous avons vécu dans le rêve. Ruth était la merveille, le miracle quotidien. Bien sûr, elle me reprochait de ne pas décider, une fois pour toutes, de ma vie. Avocat ? Comptable ? Ouvrier agricole ? À moi, cela me semblait tellement secondaire. Nous étions chez nous, nous ne manquions ni de gîte, ni de nourriture et nous étions ensemble.

Rifkah
Tu parles comme s'il n'y avait pas de guerre...

David
Tu as raison. J'ai fait mon service militaire comme tous les autres et j'étais réserviste. Je passais chaque année un mois dans l'armée. Je n'étais pas le seul. En dépit du danger, des menaces, de la dureté du quotidien, j'aimais cela. J'avais peut-être besoin de cette discipline. Un mois par année. Miriam m'accusait de faire du romantisme, de tomber dans la sentimentalité, sans penser à son inquiétude, à son angoisse. Mais moi, j'étais dans une grande famille et rien ne pouvait m'arriver, rien ne pouvait m'atteindre.

RIFKAH

Vous êtes extraordinaires, vous, les Israéliens. Ceux que j'ai rencontrés étaient à la fois inconscients et bourrés de vanité. Des héros. Tous des héros. Ils savaient tout faire et ils comprenaient tout avant les autres. Toute ma vie, on m'a parlé des antisémites, de la haine des Juifs. J'avais fini par m'y habituer. Du moment que les antisémites restent dans leurs coins, ne s'approchent pas de moi...

BENJAMIN

Mais ils le font maman, malheureusement.

RIFKAH

Mettons qu'au cours de ma vie, j'ai eu d'autres problèmes, plus préoccupants, à régler.

RUTH

(Rit). Et maintenant, en Floride...

RIFKAH

Il y a là plus de racistes et d'antisémites qu'on ne pense. Mais il y a aussi le bridge et les amis. Heureusement. Dans notre groupe, il y a un médecin. Il a quatre-vingts ans. Il a tout connu. La guerre, les camps de concentration. Il dit qu'Israël c'est un nouveau grand ghetto. Là, les Juifs se sont réunis, assemblés. Ainsi on n'a même plus besoin de les traquer, de les chercher, de les débusquer dans leurs cachettes pour les massacrer.

DAVID

On peut penser à la mort. On peut penser à la

vie aussi. On peut voir les Juifs assemblés dans un lieu pour vivre, pour construire une vie. Même si partout dans le monde le malheur submerge les hommes, les accable.

BENJAMIN

Le judaïsme est d'abord et avant tout une célébration de la vie.

RIFKAH

J'aime entendre mon fils, surtout quand il me contredit.

BENJAMIN

Je n'ai dit qu'une banalité, maman. Tu cherches à provoquer et tu ne crois pas à ce que tu avances. Tu attends qu'on te dise le contraire pour te calmer.

DAVID

Cela fait des années que je ne me pose plus de questions. Pendant des années, chaque jour apportait ses problèmes cruciaux, pratiques, matériels et il fallait les résoudre. Dans l'Armée nous avons appris à nous préoccuper d'abord des problèmes concrets. Les débats talmudiques seront pour plus tard...

BENJAMIN

C'est un peu trop radical.

DAVID

Je ne méprise nullement ces débats et un jour ou l'autre on y arrive. On ne peut pas les éviter. Pendant longtemps je me suis considéré comme une victime et je l'étais probablement. J'ai cessé de me lamenter quand j'ai décidé de vivre avec ce que j'avais. Naturellement, je ne parle pas de ce que j'avais matériellement. Puis, l'on s'aperçoit que les jours naissent, semblables les uns aux autres. Il y a bien sûr les drames, les catastrophes mais il y aussi des surprises et, parfois, un miracle...

RUTH

Tu fréquentes... quelqu'un.

DAVID

En quelque sorte, oui. Mais on en parlera plus tard, Ruth, si tu veux bien. (*Silence*). J'ai accepté, puis j'ai voulu être comptable. À partir de ce moment, je ne cherchais plus rien d'autre. Je faisais mon travail sans romantisme et sans lamentations. Les portes du ciel se sont alors ouvertes. Rien n'est plus beau qu'une promenade au bord de la mer à Tel-Aviv. Une baignade, une orange, des fraises. Nous avons peut-être les meilleurs fruits au monde. Rifkah va penser que je suis l'Israélien vantard. Je voudrais que ma fille, que mon... que Ben, j'allais dire mon fils, puissent partager cette joie. Une promenade au bord de la mer et un jus de fruits frais.

RIFKAH

Mais Ruth n'a pas été toujours présente...

DAVID

Maintenant, elle est là. C'est ce qui ressemble à

une deuxième naissance, à un miracle.

RIFKAH

Cela devait être dur pour toi.

DAVID

Horrible. J'aime mieux ne pas en parler.

RIFKAH

On dirait que tu es impatient de repartir.

DAVID

Impatient ? Non. Pas vraiment. J'étais impatient de venir à Montréal. Et en même temps, j'avais tellement peur. En dépit de tout ce que disait Ben.

RUTH

Et maintenant ?

DAVID

Maintenant je sais que je peux, que je voudrais revenir à Montréal. C'est aussi ma ville. Cette fois, je repars en Israël sans crainte et sans appréhension autres que ce que la vie peut nous réserver comme mauvaises surprises. Je serai content de retrouver ma rue, ma fenêtre...

RIFKAH

(Rit). Et tout le reste.

DAVID

Tout le reste, comme tu dis.

~ Rideau ~

Scène 5

Dans l'appartement de Rifkah.
Le même jour. En début de soirée.
Rifkah et Ruth puis Miriam.

RIFKAH

Tu en fais trop, ma chérie. Tu auras tant à faire avant le mariage après-demain.

RUTH

Pas vraiment. Il y a la cérémonie, puis un dîner. C'est simple, vraiment simple. Ben ne voulait pas un grand mariage. Je ne dis pas que je ne ressens pas une immense émotion. Cela fait pourtant longtemps que Ben me veut pour femme. Pour moi aussi, il sera le mari, l'homme. Tout.

RIFKAH

Tu dois être heureuse d'avoir retrouvé ton père.

RUTH

Heureuse ? Oui, sûrement. Je ne m'en rends pas bien compte encore.

Silence

RUTH

Au téléphone, ma mère était très fâchée. Nous étions venus te voir, sans l'attendre, sans la prévenir. Un peu plus et elle m'accusait de comploter dans son dos.

RIFKAH

Ce devait être dur pour elle de revoir son mari.

RUTH

Oui, je crois. Et pourtant c'est elle qui l'a quitté. Je n'ai jamais su réellement pourquoi.

RIFKAH

Ainsi tu l'a convoquée aujourd'hui pour qu'enfin, elle s'explique.

RUTH

Tu veux rire ? Elle voulait te voir. Elle se sentait exclue cet après-midi. Qu'à cela ne tienne. Elle n'a qu'à venir. *(Consulte sa montre)*. Et comme d'habitude, elle est en retard. Je n'ai jamais compris. Est-ce pour se faire désirer ou tout simplement pour se faire remarquer ?

RIFKAH

Tu es très dure envers ta mère, ma chérie. Fais attention, ma fille. Ne te laisse surtout pas emporter.

Ruth se jette dans les bras de Rifkah.

RUTH

Pourquoi les choses ne sont-elles pas plus simples ? Pourquoi avons-nous des familles qui...

RIFKAH

Ne te plains pas, ma chérie. Pense à la vie qu'a menée ton futur mari. Il ne se plaint pas.

RUTH

Entre les larmes et le rire. Il doit pourtant avoir
des défauts ton fils !

RIFKAH

Plein.

RUTH

Je ne lui en connais aucun. Dis-moi !

RIFKAH

Certainement pas. C'est à toi de le découvrir.
Tu sais, lui aussi ne te trouve aucun défaut. Il faut
que ce soit ainsi. Autrement ce serait une folie
de se marier. De toute manière, c'est une folie.

RUTH

Je suis peut-être inconsciente et naïve. Je n'y ai
jamais pensé. Cela me semble tellement naturel
de vivre avec Ben.

On sonne

RIFKAH

Voici enfin ta mère.

*Entre Miriam. Bien maquillée, habillée comme pour
une grande sortie.*

MIRIAM

Je ne me serais pas pardonnée de ne te voir qu'à
la cérémonie. Je suis si contente que tu sois là.
As-tu pu abandonner le tournoi ?

RIFKAH

Je n'ai rien abandonné. Je n'y ai pas pensé. Je n'ai qu'un fils et il se marie. Je ne vais pas lui préférer le bridge. Je suis contente de te voir. Dis-moi, tu es drôlement élégante.

MIRIAM

Je suis allée chez la masseuse.

RIFKAH

Et tu voulais nous montrer la robe que tu vas porter à la cérémonie.

MIRIAM

Mais non ! Celle-ci est une vieille robe. (*À Ruth*). Es-tu prête Ruth ?

RUTH

C'est une petite cérémonie, maman. Une partie comme tu en faisais souvent quand j'étais petite.

MIRIAM

(*S'assombrit*). Cela fait si longtemps !

RIFKAH

Le père de Ruth a insisté pour aller à l'hôtel. Pourtant, je lui ai dit, qu'il pouvait rester ici, au salon.

RUTH

Il est tellement indépendant !

RIFKAH

Les hommes sont tous les mêmes.

RUTH

Pas Ben.

RIFKAH

Non, certainement pas Ben puisque tu l'aimes.
Tu sais, quand je me suis mariée, je croyais que
j'étais lucide. Je voyais tous les défauts de mon
mari. Je les acceptais. Car moi aussi je n'étais
pas parfaite.

RUTH

(*Hésitante*). Que s'est-il passé au juste ?

RIFKAH

Je ne sais pas. Je n'ai jamais su. Nous ne nous
sommes jamais disputés. Max aimait les femmes.
Je le savais. J'étais là et il est parti. Pourquoi ? À
cause d'une femme ? Je ne crois pas. On me l'a
dit. C'est une explication facile. J'ai passé des
années à chercher la raison. Oh, ce n'était pas
aussi dramatique que cela n'a l'air. D'abord, il y
avait Ben. Avec lui, ce n'était pas toujours
facile.

RUTH

As-tu connu d'autres hommes ?

RIFKAH

J'ai eu des amis. Ce n'était jamais sérieux. J'avais
trente ans quand je me suis retrouvée seule. Je
n'ai pas eu de problèmes d'argent, Dieu merci.
Chaque mois, le chèque de mon mari arrivait
dans une enveloppe. Sans un mot, sans indication d'adresse.

RUTH

Ce devait être dur.

RIFKAH

Au début, c'était horrible. J'étais une innocente victime, en proie à une immense injustice. Puis, ce fut la longue, l'interminable solitude. On finit par s'y habituer et parfois, en Floride, je suis si contente d'être seule. Quand j'y allais, au début, mon fils me manquait terriblement. Je savais que je le retrouverais à mon retour et, surtout, qu'il avait sa propre vie.

RUTH

Quand votre... Je veux dire le père de Ben...

RIFKAH

Tu peux dire ton mari, ma chérie. Cela ne me fait rien. D'ailleurs, je n'en ai pas eu d'autre et, encore aujourd'hui, il m'arrive de penser à lui, de l'imaginer beau, jeune, élégant et tellement amoureux. Et pourtant, c'est si loin. Et puis, il est parti sans jamais dire pourquoi.

MIRIAM

Les hommes sont tous pareils.

RUTH

Tu répètes cela tout le temps, maman.

MIRIAM

Parce que c'est vrai.

RUTH

Non, ce n'est pas vrai.

MIRIAM

Tu verras. Crois-moi.

RUTH

Je sais que Ben n'est pas un simple numéro. Un homme comme les autres. D'ailleurs, en ce qui concerne papa, c'était toi qui es partie, qui as quitté...

MIRIAM

Qu'en sais-tu ? Ton père était peut-être déjà parti sans le dire, comme le père de Ben.

RUTH

Mais maman, j'étais une petite fille, je sais, mais j'étais assez grande pour me rendre compte.

MIRIAM

Tu ne pouvais pas deviner, savoir...

RUTH

Je sais que tu m'as fait choisir. Tu m'y as forcée. C'était ou toi ou papa.

MIRIAM

Tu vas un peu vite en besogne, ma fille. Tu oublies quelques petites choses. C'est si commode à l'heure des retrouvailles. Tu détestais Israël. Tu détestais les enfants qui t'entouraient, l'école. Tu étais incapable de te faire des amis.

RUTH

Tu m'en empêchais. Tu trouvais tous les enfants sales et mal élevés.

MIRIAM

C'était vrai. Ils l'étaient. On dirait qu'ils venaient tous de débarquer je ne sais de quel

désert, de quelle brousse. Je te voyais parmi eux.
Tu étais malheureuse. Tu n'étais pas faite ni
pour le climat, ni pour cette société-là. Je voulais
te protéger. Tu oublies maintenant que tu
faisais toujours la tête à ton papa. Et quand tu
n'étais pas insolente, tu boudais.

RUTH

Je te voyais pleurer. Et tu me disais que c'était à
cause de lui. Je lui en voulais.

MIRIAM

Je pleurais ma jeunesse perdue, ma vie qui s'en-
volait. Nous nous trouvions dans un trou avec
des gens qui n'avaient aucun sens de la beauté.
Il fallait chercher longtemps avant de trouver
une femme qui se coiffait, un homme qui
portait une cravate. On apprenait aux gens la
haine de leur corps. Et la nourriture ? N'en
parlons pas. Le mot cuisine était inconnu. On
ne savait pas ce que cela voulait dire.

RUTH

Mais toi tu t'habillais.

MIRIAM

Je faisais moi-même mes robes. À quoi bon ?
Personne ne regardait.

RUTH

Papa ne cessait de répéter comme tu étais belle.
Je réagissais très mal...

MIRIAM

Qu'est-ce que tu racontes.

RUTH

J'étais plus coquette que tu ne le pensais. Je sais que tu ne me trouvais pas belle. J'en voulais à papa de t'approuver, d'être d'accord avec tout ce que tu disais.

MIRIAM

Je n'ai jamais dit que tu n'étais pas belle.

RUTH

Non, tu ne le disais pas, mais tu le pensais.

RIFKAH

Ruth, ma chérie, ta mère est fière de toi, elle l'a toujours été. Et puis, tu sais bien que tu es belle comme un coeur.

RUTH

Je le sais maintenant. Parce que Ben me le dit.

MIRIAM

Tu as besoin qu'on te le dise ? Ma pauvre fille !

RUTH

Oui, j'en ai besoin. Et toi aussi. Tu sais ce que je veux dire.

MIRIAM

(Interloquée). Non, je ne sais pas. Je ne savais surtout pas que tu m'en veux, combien tu en as sur le coeur.

Silence

MIRIAM

Ainsi, je t'ai forcée de quitter Israël et de te séparer de ton cher papa.

RIFKAH

C'est fini tout cela. C'est tellement inutile de remuer des choses qui sont mortes, effacées.

RUTH

On pense que c'est mort mais cela remonte à la gorge et si on ne s'en débarrasse pas, on finit pas étouffer. (*Adoucie*). Excuse-moi, maman. Tu sais bien que je t'aime. Je n'oublie pas tout ce que tu as subi à cause de moi, tout ce que tu as fait pour moi. J'étais parfois odieuse avec Sam, le plus souvent sans le savoir.

RIFKAH

Qui est Sam ?

MIRIAM

C'est une vieille histoire et je préfère qu'on n'en parle pas.

Silence.

MIRIAM

Tu as peut-être raison Ruth. Il aurait peut-être été préférable que tu restes avec ton père. Je croyais bien faire. Tu allais t'étioler là-bas. Puis nous vivions jour et nuit, constamment, dans un climat de guerre. Quelques années plus tard, tu aurais été obligée de faire ton service militaire... Je croyais.

RUTH

Je sais que tu pensais à mon bien.

MIRIAM

Et comment aurait-il pu t'élever ton père ? Il
n'avait jamais un sou en poche. Il reculait, mois
après mois, le moment de s'installer enfin, de
choisir un travail, une profession.

RUTH

Nous habitions dans un joli appartement avant
notre départ, tout près de la mer.

MIRIAM

Ton père avait accepté finalement de travailler
dans une banque. Chaque soir, quand je le
voyais rentrer fatigué, las, je me disais qu'il allait
m'annoncer sa décision de démissionner.

RUTH

Je savais que tu étais malheureuse. Je le voyais.
Je t'ai suivie parce que je ne voulais surtout pas
me séparer de toi. Pendant des années, je
croyais qu'il m'était interdit de prononcer le
nom de papa. Et je n'étais pas plus heureuse à
Montréal. C'est tout récemment, au retour de
Ben de sa visite en Israël, que j'ai commencé à
me demander quelle était la véritable raison de
notre départ.

MIRIAM

Tu le savais. Tu l'as toujours su. Et puis, tu étais
libre de rester avec ton père si tu avais voulu.

RUTH

Ce sont des mots maman. On ne quitte pas un
pays parce que les hommes ne portent pas de

cravate et on ne quitte pas un homme parce qu'il n'est pas riche.

MIRIAM

Tu réduis tout à des petitesses, à des mesquineries. Je n'ai pas quitté ton père parce qu'il n'était pas riche.

RUTH

Tu lui reprochais même d'être juif.

MIRIAM

C'est ridicule. Je suis juive moi aussi.

RUTH

Il ne suffit pas de l'affirmer. Ben cherche à le vivre.

MIRIAM

En allant à la synagogue ?

RUTH

Entre autres. Peut-être.

MIRIAM

Tu as bien changé ma fille. En quelques jours.

RUTH

Non maman. J'ai eu le temps et peut-être l'occasion de réfléchir. Et cela n'a pas commencé cette semaine.

RIFKAH

Tu vas visiter Israël avec Ben ?

RUTH

Visiter ? J'y suis née. Je vais y retourner.

MIRIAM

Maintenant que ton papa...

RUTH

Maman, je ne suis plus une enfant. Je peux décider par moi-même. Et d'abord, j'ai un mari.

MIRIAM

Et un papa qui, pendant vingt ans, ne s'est pas soucié de ton existence.

Silence

RUTH

(Doucement). J'ai été odieuse avec lui avant notre départ. Je lui ai dit que je ne l'aimais plus et que je détestais son pays. Israël, c'est peut-être trop tard pour moi. Je ne cesse de le répéter. Ben est d'accord. Notre ville est Montréal. C'est ici que nous voulons vivre. Et justement parce que nous n'avons qu'un pays, qu'une ville ne peut pas servir de substitut, de remplacement pour ce qu'on croit être.

MIRIAM

Ton père était justement convaincu du contraire.

RUTH

Et toi ? Tu l'avais accompagné.

MIRIAM

Je l'avais accompagné comme tu dis. Peut-être me suis-je ressaisie à temps ou peut-être était-ce déjà trop tard. Tu m'as accompagné sur le chemin du retour et maintenant tu sembles me le reprocher.

Ruth

Je ne te reproche rien maman. J'étais trop jeune pour choisir. Une enfant. Je ne savais pas. Même les enfants peuvent dire des mots blessants. Je cherche à comprendre, aujourd'hui. Je ne veux rien rétablir et je n'ai aucune intention de faire mes comptes ni avec toi, ni avec personne. Je me pose des questions. Qui suis-je ? Je ne veux pas dépendre de Ben. Je ne veux pas l'accompagner. Nous avons chacun nos chemins à suivre et j'espère qu'ils se rencontreront. Je l'espère. Et je n'ai aucun reproche à te faire.

Miriam

Je me fais assez de reproches moi-même sans que tu aies besoin d'en ajouter.

~ Rideau ~

Scène 6

L'appartement de Benjamin. Le lendemain.
Ruth est seule.
Entre David.

DAVID

(Inquiet). Ça va ?

RUTH

Oui, ça va.

DAVID

Tu es sûre ?

RUTH

Oui, papa, je suis sûre. Tout le monde s'affole. Y compris Ben. C'est demain le mariage. Comme si c'était une date fatidique. Cela fait longtemps que je sais que Ben sera mon mari et que je serai sa femme. Nous vivrons ensemble au vu et su de tout le monde.

DAVID

En rentrant à l'hôtel, on m'a remis ton message. Urgent. Tu veux me voir d'urgence. J'avais eu si peur. Je me suis précipité dans un taxi.

RUTH

J'aurais peut-être dû laisser un autre genre de message ou me contenter de te rappeler. J'ai l'impression que moi aussi, je suis les pas des autres dans cette course frénétique. Je voulais absolument te voir avant la cérémonie. Tout seul. Ensuite nous n'aurons plus l'occasion.

Nous partons ensuite, tous, dans tous les coins du monde. À notre retour de New York, tu seras déjà depuis des jours au bord de la Méditerranée. Je voulais te voir, en tête à tête.

DAVID

Laisse-moi te regarder, d'abord. Tu es superbe et tu es ma fille. J'ai eu si peur, qu'à nouveau, encore une fois... (*David s'assoit et Ruth se met en face de lui*).

RUTH

Papa, tu m'excuseras d'être brutale. Voici. Pourquoi, pendant vingt ans, tu ne t'es jamais soucié de moi ? Vingt longues années.

DAVID

(*Interloqué*). C'est toi qui me poses cette question ? As-tu oublié ? As-tu tout oublié ? Soit. Je veux bien. Après tout, tu n'avais que huit ans. Une enfant. Mais plus tard ? Ton silence pendant deux ans, et puis ta lettre... J'aime mieux ne pas y penser. À quoi bon revenir sur tout cela, Ruth ? Nous nous sommes retrouvés. Tu es là et je suis là. Ce qui compte c'est le présent. Un jour prochain j'espère, tu viendras en Israël avec ton mari...

RUTH

Je veux savoir papa. Je ne serai jamais tranquille autrement. Que s'est-il vraiment passé ?

DAVID

À huit ans, tu étais insolente, insupportable avec moi. Tu me répétais, tous les jours, sans

que je te le demande, que tu ne m'aimais pas.
Je me disais, que tu n'étais qu'une enfant, que
cela allait passer. Je ne t'ai jamais frappée, je
crois même qu'il m'était rarement arrivé de te
punir. Tes mots portaient, me faisaient mal. Je
ne comprenais pas ma propre réaction. Après
tout, j'étais un adulte, je devais pouvoir me
raisonner.

RUTH

Ce serait trop facile de dire maintenant, qu'en
te provoquant, je ne cherchais qu'à attirer ton
attention. Pendant des années je me répétais que
je voyais ma mère pleurer et que je t'en voulais.

DAVID

Tu ignorais le motif des larmes de ta mère.

RUTH

Je l'ai deviné plus tard, bien plus tard, malgré
ses dénégations... Sam.

DAVID

Ruth, je préfère beaucoup ne pas en parler. Ne
peut-on pas enterrer ce chapitre ?

RUTH

Ce serait difficile maintenant. Revenons à mon
comportement. J'étais odieuse, insolente. Papa,
je te demande pardon. J'ai souvent pensé à un
moment solennel où la veille de Yom Kippour,
je te demanderais Papa, donne-moi la « *mhila* ».
Je demande le pardon. Je te dirais alors pardonne-
moi papa et je me jetterais dans tes bras.

David se lève et la prend dans ses bras.

DAVID
Je te la donne la « *mhila* » même si ce n'est pas demain Yom Kippour. Et, comme il se doit, je te demande à mon tour la « *mhila* ».

RUTH
(Joyeuse). Je te la donne. C'est tout ce que je voulais. Et maintenant, tu vas m'expliquer.

DAVID
T'expliquer ? Moi ?

RUTH
Oui, toi. Tu es mon père et tu vas m'expliquer.

DAVID
(Lentement). Tu es partie avec ta mère. Tu détestais Israël et tu n'aimais pas ton père.

RUTH
Je crois que c'est à mon tour de t'expliquer. Pendant des mois, ma mère me répétait que si nous rentrions à Montréal nous aurions une grande maison, une grosse voiture, que je serais libre, heureuse, que j'aurais de merveilleux compagnons à l'école, des garçons et des filles bien élevés... Chaque fois que je me plaignais, elle me donnait raison. Le remède était tout trouvé : Montréal. Inutile de te dire qu'une mère peut avoir une énorme influence. Je n'en veux pas à maman. Elle m'aimait, vraiment, plus que tout. Toute sa vie, elle m'en a fourni la preuve.

DAVID

Moi aussi je t'aimais et je ne pouvais pas t'en donner la preuve. Pendant vingt ans, il ne s'est pas passé un jour, une nuit, sans que je pense à toi. J'ai fini par ne garder de toi que les images de la petite fille qui m'accompagnait dans mes promenades, que je chatouillais, que j'embrassais dans son lit pour qu'elle trouve le sommeil...

RUTH

Pourquoi m'as-tu laissé partir ?

DAVID

Je savais que quoi que je fasse, je ne pouvais plus retenir ta mère. Comment me transformer en un homme riche, sûr de lui ? Je n'étais sûr que de mon amour et puis, le jour où j'ai su, où j'ai cru savoir que cet amour n'était pas rétribué, que ta mère ne m'avait probablement jamais aimé, j'ai tout abandonné. J'ai subitement perdu toute force, toute énergie.

RUTH

Ma mère t'a épousé, t'a suivi en Israël.

DAVID

J'étais candide. Plus tard, je m'étais dit qu'elle ne m'a épousé et suivi en Israël que pour oublier...

RUTH

Oublier quoi ? Sam ?

DAVID

Je préfère ne pas revenir là-dessus. En présence de ta mère, peut-être. En son absence, non. Je n'en ai pas le droit.

RUTH

Je veux te dire papa, que moi aussi j'ai pensé à
toi. D'abord, quand j'étais fâchée ou malheureuse. Tu devenais un recours, un refuge. J'ai
un papa, me disais-je. Lui me comprendrait, me
défendrait. Puis, Ben est entré dans ma vie. Il
n'avait même pas besoin de me donner des
explications. Je vais aller chercher ton papa,
décida-t-il. Tout seul. Oh, je ne me fais pas
d'illusions. Il cherchait aussi le sien. Il persistait
toujours à le chercher.

DAVID

Un an après votre départ, alors que je commençais à me dégager de ma léthargie, je me
suis mis à t'écrire. Une lettre, puis une autre.
Semaine après semaine.

RUTH

Je ne les lisais pas. Ma mère me les remettait et
je les déchirais devant elle sans les décacheter.
Ce n'est pas bien beau, ce que je te dis là, papa.

Silence

RUTH

Nous vivions dans une grande maison, à Ville
Mont-Royal. J'avais une grande chambre à moi,
ma télévision, mon stéréo, ma bicyclette. J'avais des
amis. Nous partions régulièrement en vacances,
souvent à notre chalet dans les Cantons de
l'Est, parfois à la plage dans le New Hampshire
ou ailleurs. Au début, Sam était gentil...

DAVID

Tu as attendu deux ans pour m'écrire.

RUTH

Je me rends maintenant compte comme j'étais horrible, peut-être inconsciente mais justement, à cause de cela, méprisable.

DAVID

Ne t'accable pas trop maintenant. À ce moment-là, je commençais à me relever.

RUTH

Tu n'étais pas seul. Ben me l'a dit.

DAVID

Je vivais seul. Esther était entrée dans ma vie. Oui. Doucement. Si doucement. Elle m'aimait, me l'avait dit une ou deux fois. Je ne comprenais pas. M'aimer ? Moi ? Qu'est-ce qu'il y avait à aimer ? Elle avait eu ses déboires et elle s'en dégageait. Nous nous voyions régulièrement mais nous ne vivions pas ensemble. La blessure était trop profonde.

RUTH

Quand Ben m'a appris à son retour que tu partageais ta vie avec une femme, je crois que j'étais à nouveau terriblement jalouse. Tu m'avais remplacée, oubliée. C'est absurde, je sais. Ridicule. Tu pouvais oublier ma mère. Mais moi ?

DAVID

(*Rit*). Alors que tu déchirais mes lettres sans les ouvrir.

RUTH

Et pourtant, je les attendais.

DAVID

Au bout de deux ans, tu m'as enfin écrit. Quand j'ai reçu ta lettre, je me souviens, mes mains tremblaient tellement que j'ai mis un bon moment à l'ouvrir. Elle était brève. Ne m'écris plus. C'est inutile car je déchire tes lettres sans les lire. Je me souviens de chaque mot. Un couteau qui s'enfonçait, plongeait en moi. J'ai brûlé cette lettre. Pourtant, pendant des années, du fond de la nuit, les mots remontaient à la surface comme des lames et m'assénaient des coups. Coup après coup. J'en repoussais les blessures qui m'épuisaient. Je me réveillais, en sursaut, haletant, attendant que ça passe.

RUTH

Plus tard j'étais en colère contre toi. Il y avait une autre femme dans ta vie. Je ne pouvais plus aussi librement me réfugier chez ce père lointain, invisible qui, un jour, déciderait de braver tous les périls, franchir tous les obstacles pour délivrer sa fille. Il serait enfin un héros.

DAVID

Tu n'es plus mon père. Tu as écrit cela. Maintenant, j'ai un autre papa qui m'aime et me comprend.

RUTH

Je voulais faire plaisir à maman et aussi dire merci à Sam qui, d'ailleurs, commençait à

moins me gâter. Calcul stupide. En fait cela lui
a fait peur. Il avait ses propres enfants qui com-
mençaient à se réconcilier avec lui. Et puis, cela
allait moins bien avec maman. Bref, je devenais
encombrante.

DAVID

Tu avais treize ans alors.

RUTH

Onze.

DAVID

Douze. J'étais tellement à plat. Je n'avais plus
d'énergie pour réagir. D'ailleurs, cela n'aurait
servi à rien. Je n'avais aucun moyen d'agir.
Comment me battre tout seul contre tout un
empire ? La grande maison, la voiture, le chalet,
les vacances. Je n'étais à ce moment-là qu'un
ouvrier agricole sans un sou en poche. Curieu-
sement, c'est justement cela qui m'a sauvé.
Esther l'a bien deviné. Elle ne faisait que sug-
gérer, discrètement, sans jamais rien forcer.
C'est sa manière. Elle prévoyait déjà l'avenir, ce
qui allait se passer. Elle en était convaincue. Il
fallait que j'existe enfin.

RUTH

C'est curieux. Ben m'a à peine parlé d'elle.
D'ailleurs cela a suffi pour me rendre jalouse.

DAVID

Il ne l'a vue qu'une seule fois. Esther est très
discrète. Elle sent les choses. Elle était persuadée que ma rencontre avec Ben était capitale.

J'étais sur mes gardes au début. Je ne comprenais rien à sa démarche. Il l'a peut-être senti. Il n'a rien précipité. Il est revenu me voir plusieurs fois, toujours pour de brefs moments, comme s'il craignait de s'attarder, comme s'il avait peur de s'appesantir. Il n'avait rien à me demander et rien à me donner.

Ruth
Tu veux sûrement rire, papa. Il avait tout à demander. Il voulait la main de ta fille et tu étais le seul à pouvoir la lui donner. Maintenant, je le sais mais, comme toujours, il avait tout deviné avant moi.

David
Il parlait très peu de toi et encore moins de lui-même. Il faut dire que je n'osais pas être trop curieux. Je me retenais. Et, cependant, je me sentais accablé. Le soir, Esther me calmait, essayait de me raisonner.

Ruth
Vous parliez de quoi, alors, Ben et toi ?

David
De la Bible. Cela faisait quelques années, alors que mon destin était scellé, que j'avais accepté la vie comme elle venait jour après jour, je m'étais mis à la lecture de la Bible. D'abord l'histoire de David. Après tout, c'est le nom que je porte. Bethsabée n'était pas sa première femme. Comme Esther pour moi... Oh, je n'avais

envoyé personne à la mort pour la gagner, pour
vivre avec elle et elle ne s'était pas baignée nue
devant ma fenêtre. Elle n'avait même pas
cherché à me séduire. Parfois, quand je me lève
le matin, il m'arrive de me mettre sur notre
petit balcon et de voir, de loin, la mer. Je récite
alors le « *chehiyanou* », je remercie Dieu de
m'avoir gardé en vie pour regarder encore une
fois les vagues et les écumes. Je le fais automa-
tiquement, sans y penser.

RUTH

Tu es devenu religieux.

DAVID

On ne devient pas religieux. On l'est ou on ne
l'est pas. Il vient un moment dans la vie où l'on
s'aperçoit que nous sommes liés les uns aux
autres par un fil mystérieux et qu'on peut aimer
sans rien attendre en retour. Un soir, alors
qu'elle croyait que je dormais, j'ai entendu
Esther chanter, en chuchotant, les Psaumes. Je
n'ai jamais rien entendu d'aussi beau de toute
ma vie. Je voulais tellement qu'elle poursuive,
qu'elle continue et que cette mélodie dure à
l'infini, qu'elle ne soit jamais interrompue. Tu
ne dors pas, me dit-elle. Tu fais semblant. J'entends ta respiration. Elle s'arrêta. C'est ton tour
maintenant, murmura-t-elle. J'ai pris alors le
petit livre bleu des Psaumes qu'on vend comme
un talisman et je me suis mis à lire. Pour la

première fois de ma vie, je comprenais l'hébreu.
J'ai entendu cette langue, pendant des années,
dans les champs, les usines, les bureaux et dans
l'Armée. J'ai même appris à dire des mots
d'amour à Esther en hébreu. Là, c'était la
première fois que les mots n'étaient pas que des
mots. Ils pénétraient mon corps. Oh, ce n'était
point cette vibration fervente qui transporte, ni
la cantillation qui endort et réveille. Non. Des
mots que j'absorbais, que je comprenais dans
mon corps. Tu n'as sûrement pas oublié l'hébreu
Ruth.

RUTH

Non. De toute façon, Ben est là pour raviver ma
mémoire. Il faut que je te dise papa, je sais que
je vais te décevoir. J'avais tout fait pour oublier
que j'étais juive. Alors, que toi, tu vivais le
grand amour...

DAVID

Je vois qu'encore une fois, tu cherches à me provoquer. Il n'y a pas de grand amour. On aime ou
on n'aime pas. Je n'aime pas Esther un peu, de
temps en temps. Je l'aime. Simplement. Quant
à ma fille, en dépit de tout, je n'ai jamais cessé,
y compris dans les moments les plus durs, de
l'aimer.

RUTH

(Rit). Eh bien, alors que toi tu aimais toujours
ta fille, sa mère et son... compagnon l'ont

expédiée loin, bien loin. Dans l'un des collèges
les plus chics, les plus huppés et les plus chers
des États-Unis, Sarah Laurence College. Pendant
quatre ans, j'avais comme camarades, les filles
les plus gâtées, les plus sophistiquées. Quelques-
unes étaient juives. C'était une marque, une
empreinte. Cela n'allait pas bien loin. Une édu-
cation à la mode. J'ai cherché à oublier la
famille, le judaïsme, Israël. Nous étudions de
tout dans cet établissement l'art, la poésie, le
théâtre. Le collège nous emmenait à l'étranger.
Je suis allée en France et j'aurais pu aller en
Israël mais il ne fallait pas m'en parler à ce
moment-là. Je passais mes vacances seule avec
ma mère à Cape Cod ou à Long Island. Sam
était apparemment toujours en voyage. En Asie,
en Amérique du Sud. Quand je suis rentrée à
Montréal, je me suis aperçue qu'il n'était plus
là, que ma mère vivait seule.

DAVID

Et Ben ?

RUTH

Oh, Ben, c'est une autre histoire. J'étais farou-
che. Je ne voulais rien savoir des garçons. Oui,
j'avais constamment, des rêves, des fantasmes.
Du désir. Mais je redoutais tellement la présence de l'homme. Ben m'a parlé de son désar-
roi. Son père venait de le rejeter, d'opposer une
fin de non recevoir à sa déclaration d'amour.

Pauvre Ben ! Il ne me demandait rien. Sauf de l'écouter. Il était fragile, vulnérable. Ce n'est que plus tard que je me suis rendue compte de sa force, faite de patience, de persévérance, de douceur. Oui, de douceur. Jamais, je n'aurais imaginé qu'un homme puisse être doux. Oh oui, il ne me demandait rien mais j'étais déjà follement, totalement éprise de lui, amoureuse. Entre nous il n'y eut aucune entreprise de séduction. Même pas de déclaration d'amour. Un jour il m'a dit, comme il fait toujours quand il constate une évidence : Je t'aime et je crois que tu m'aimes. Qu'avait-il besoin de le dire ? Je savais que j'allais passer ma vie avec lui. Et tu sais papa, tu vas peut-être encore une fois être déçu, s'il est allé te chercher, ce n'était pas pour lui ou comme dit maman pour avoir un père de remplacement. Il l'a fait pour moi et bien sûr, égoïstement, pour lui aussi. Il voulait m'affranchir, me voir libre de mon père et avec mon père pour que je devienne sa femme.

DAVID

Ainsi, il faut aimer son père pour s'en libérer et le renvoyer tranquillement chez lui.

˜ Rideau ˜

Scène 7

Dans le salon de Rifkah.
Au début de l'après-midi. Après le déjeuner.
Sur la table une corbeille de fruits, oranges, raisins, etc.
David, Miriam, Ruth et Benjamin.
Rifkah revient de la cuisine avec du café.

DAVID

C'était délicieux. Quel cordon bleu vous êtes Rifkah.

RIFKAH

J'ai tout fait selon les règles, en suivant les instructions de Ben.

BENJAMIN

Prends une orange. Ce ne sont pas les oranges d'Israël.

RUTH

Ce sont des Sunkists. Les oranges de Californie sont savoureuses.

BENJAMIN

Je ne dis pas le contraire. Mais ce ne sont pas des Jaffas.

DAVID

Quand j'étais étudiant, on trouvait des Jaffas partout à Montréal et c'était, pour certains Juifs, un devoir patriotique d'en acheter. C'est si loin !

MIRIAM

Israël exportait les meilleures oranges, les moins bonnes on les gardait pour les indigènes, les Israéliens.

DAVID

On a diversifié la production agricole ces dernières années. La production des agrumes est en débandade. Elle est passée au second plan.

RUTH

On n'en exporte plus des Jaffas ?

DAVID

Beaucoup moins.

BENJAMIN

Israël exporte maintenant bien d'autres produits.

MIRIAM

Des armes, par exemple.

BENJAMIN

Peut-être. Pas au Canada. Dans deux hôpitaux à Montréal on a installé des scanners fabriqués en Israël. La technologie médicale est très avancée en Israël.

RUTH

Il y a aussi les maillots de bain.

BENJAMIN

Et des manteaux. Mais tout cela n'est rien. C'est la qualité de vie là-bas qui compte.

MIRIAM

Cela dépend de ce qu'on cherche.

RUTH

Papa a l'air d'avoir trouvé ce qu'il cherchait.

MIRIAM

Peut-être parce qu'il ne cherchait pas grand chose.

Silence

DAVID

(*Lentement*). Tu as raison, Miriam. Je ne cherchais pas grand chose. Je ne cherche toujours rien d'ailleurs.

MIRIAM

Tu as trouvé. Voilà.

DAVID

Non, je n'ai pas trouvé. Je prends ce que la vie me donne. Ce que Dieu veut bien m'offrir. Et Il n'est pas toujours généreux.

MIRIAM

Dieu ! Attendre que Dieu donne ! Quelle belle manière de se résigner, de ne rien faire.

RUTH

Mais papa a toujours travaillé, très dur même.

MIRIAM

Comme tu le défends ton papa.

DAVID

Ruth n'a pas besoin de me défendre. Ni elle ni personne. Je n'ai jamais eu l'ambition d'être un homme riche, ni un homme important.

MIRIAM

Je le sais bien. Ce n'est pas ce que tu disais pourtant quand nous nous sommes mariés.

DAVID

Enfin, on y vient. Depuis trois jours nous tournons autour du pot. Nous y voilà.

Rifkah

Parfois, il faut crever l'abcès. Je n'ai pas eu cette chance avec mon mari et je passe des nuits d'insomnie à répéter ce que je ne lui avais pas dit et ce que j'aurais dû ou voulu lui dire.

David

Tu as raison. Il faut crever l'abcès. Regarde Ruth et Benjamin. Vous êtes témoins, ce n'est pas moi qui l'ai voulu.

Benjamin

Tu ne dis jamais rien. À force d'être discret on passe pour suspect, comme si on avait des secrets inavouables. Et je sais que tu n'as rien à cacher.

Miriam

Comme moi, d'ailleurs. Moi non plus je n'ai rien à cacher.

David

(À Miriam). Quand nous nous sommes connus nous étions des enfants, des étudiants incertains, inquiets, pleins d'interrogations. J'ai cru que nous étions au même diapason. En fait, nous l'étions, du moins au début. Cela, je peux l'affirmer.

Miriam

(Ironique). Tu es entièrement libre d'affirmer ce que tu veux.

David

N'étions-nous pas sur la même longueur d'ondes ?

MIRIAM

Si tu veux, même si je ne sais pas exactement ce que tu veux dire.

DAVID

(À Ruth). J'aimais ta mère. Pour moi, à l'époque, c'est tout ce qui comptait. Ce n'était pas un point de départ mais un aboutissement. J'ai peut-être eu tort de le croire. Elle m'aimait aussi, peut-être pas pour aussi longtemps que je l'imaginais.

MIRIAM

Tu étais terriblement jaloux.

DAVID

C'est ce qu'on dit toujours à un homme quand on ne l'aime plus. Toi, par contre, tu n'avais aucune raison d'être jalouse. Tu étais tout mon monde, tu étais mon univers, mon présent, mon avenir.

MIRIAM

(Touchée. Ironique). Que c'est beau !

DAVID

(À Ruth). Je n'étais pas jaloux sans raison. Un élément néfaste, délétère s'était introduit dans notre vie.

MIRIAM

J'étais jeune. J'avais envie de plaire. J'avais le droit, non ? Je ne cherchais pas d'aventures.

DAVID

Tu n'avais pas besoin de chercher l'aventure. Elle frappait à la porte.

Silence

DAVID

(Lentement à Ruth). Sam est mon cousin. Nous n'étions pas de grands amis. Nous nous situions aux antipodes. Je ne le juge pas.

MIRIAM

Tu le méprisais.

DAVID

Le mépriser ? *(À Benjamin)*. Je ne sais pas si on te l'a appris. Sam était marié avec une fille riche. La fille du patron. Il était d'une ambition folle et ne rêvait que d'argent.

MIRIAM

Que c'est simple. Réduire ainsi les autres...

DAVID

Il ne songeait qu'à la richesse et à la puissance.

MIRIAM

Il savait, au moins, ce qu'il voulait.

DAVID

Mon tort, et je le reconnais, était de ne pas savoir ce que je voulais. Je me posais des questions d'un autre ordre. Elles étaient peut-être futiles et, pour les autres, elles pouvaient paraître vaines et inutiles. Qui étais-je ? Qu'était la vie ? J'ai cru trouver toutes les réponses dans l'amour mais aussi dans une société que je bâtirais avec la femme aimée.

MIRIAM

(*Ironique*). Comme c'est beau ! Admirable ! Et grand. Un grand idéaliste se trouve en face d'un méprisable arriviste, avide d'argent. Il était amoureux. Cela suffisait et cela justifiait tout le reste. Et moi, j'étais là pour lui fournir des réponses à toutes ses nobles interrogations. En attendant, je devais me contenter d'un homme qui ne pouvait prendre aucune décision.

DAVID

Nous nous aimions. Je ne cherchais pas une héritière, une fille de riche.

MIRIAM

C'est noble, admirable. Tu as toujours su tourner à ton avantage tes manques et tes insuffisances. Tu as eu ce que tu voulais en tout cas. Je t'ai épousé et suivi.

DAVID

Sam te tournait autour.

MIRIAM

Tu étais d'une jalousie ! Insupportable.

DAVID

J'étais surtout naïf et bêtement amoureux, aveuglément amoureux. Le hic était que Sam était déjà marié et père de deux enfants. Deux. Il travaillait dans la manufacture de vêtements de son beau-père. Les affaires périclitaient et il a eu l'intelligence de changer son fusil d'épaule, de se transformer en importateur, de produire, à l'étranger, les produits de ses concurrents, de faire fabriquer, avant les autres, les vêtements en Asie, sur place.

M<small>IRIAM</small>

Tu lui reconnais au moins une qualité.

D<small>AVID</small>

(À *Ruth*). Aussi paradoxal que cela puisse paraître, Sam était jaloux de moi. Oui, jaloux. Il n'aimait pas sa femme qui, d'ailleurs, était très jolie. Il ne l'avait pas épousée par amour et elle le lui rappelait. Là, il était riche, quasi indépendant. Il lui fallait aussi l'amour. Le nôtre le titillait, l'étouffait d'envie. Et il s'est mis à tourner autour de ma femme.

M<small>IRIAM</small>

Il me trouvait belle mais ne demandait rien d'autre que l'amitié, la mienne et la tienne. Tu ne pouvais pas le supporter. Comme de juste, c'était à ce moment-là que tu as découvert ta passion pour Israël. Subitement. (À *Ruth*). Soudain, sans crier gare, ton père, ton cher papa, était devenu un ardent sioniste. En réalité, il cherchait un moyen de fuir, d'emmener sa femme dans le désert, pour la soustraire à tout regard et l'avoir à lui tout seul, en totale exclusivité. Bref, la transformer en objet, en jouet. Il réussissait, encore une fois, à tourner ses manques, ses velléités, ses peurs en qualités. Il n'avait pas le courage d'affronter les faits, de faire face à la réalité. Il a choisi les belles paroles et surtout la fuite, l'évasion. Au nom d'un noble idéal. Quelle supercherie. Israël est né de ta jalousie. Et moi, j'ai accepté.

DAVID

Tu étais bien obligée. Tina, l'épouse délaissée de Sam n'était pas aussi naïve, aussi bête que ton pauvre mari. Elle a menacé de faire un scandale.

MIRIAM

Il n'y avait vraiment pas de quoi. Sam m'avait invitée deux ou trois fois à déjeuner. Il n'y avait rien entre nous.

DAVID

Il a pris bien soin de t'inviter seule. Son cousin aurait été bien encombrant.

MIRIAM

Il avait besoin de se confier. Cela n'allait pas avec Tina. D'ailleurs cela n'avait jamais marché entre eux.

DAVID

Sauf pour fabriquer deux enfants... en attendant de prendre la succession du beau-père.

MIRIAM

J'avais accepté de te suivre. Qu'est-ce que tu voulais de plus ?

DAVID

Tu étais bien obligée. Ton vaillant chevalier ne parlait pas de quitter sa femme. C'était trop tôt. Il risquait gros, il pouvait tout perdre.

MIRIAM

(*À Ruth et Benjamin*). Israël était un gros mensonge. Le pire c'est qu'il croyait à son propre mensonge.

DAVID

(*À Ruth*). Israël était un chemin, une route. Vivre l'amour, avoir une vie à deux. Tout reprendre, tout recommencer. Vivre enfin le quotidien et remercier Dieu pour chaque instant qu'il nous donne à vivre.

MIRIAM

Les belles paroles ! Et en plus tu as acquis le don des mots !

DAVID

J'ai appris le sens de certains mots. Il m'a fallu des années pour y parvenir.

MIRIAM

Tu as finalement trouvé la bonne pâte, la victime consentante.

DAVID

Je ne sais pas. Je ne me pose plus de questions. Je ne peux plus rien promettre et je n'attends rien. Si on veut bien me prendre comme je suis...

MIRIAM

C'est ce que tu ne cessais de répéter. Prends-moi comme je suis, aime-moi pour moi-même. Rêve d'adolescent. À trop vivre dans l'imagination on piétine et on s'enfonce dans l'immobilité.

Une femme normale ne peut pas passer sa vie
avec un adolescent attardé. (*À Ruth*). Tu dois
t'en souvenir, la vie dans ce pays de rêve, dans
cette terre des ancêtres, n'était pas un cadeau.

DAVID

Surtout quand le beau-père est mort et que le
gendre, le mari de la fille unique a pris la succession. Il était alors en mesure d'expédier l'encombrante héritière dans ses appartements et
de voler enfin de ses propres ailes. Il lui fallait à
tout prix l'amour. Le moment était venu de le
cueillir. Quel beau coup arracher une femme à
son mari, à l'amour d'un autre homme, du cousin
qui hantait ses heures glorieuses comme une
mauvaise conscience. Le pouvoir ne s'exerce pas
uniquement dans le monde de l'argent. On
peut vaincre aussi un coeur, et en dépit de l'esprit,
soumettre une conscience. Voilà Sam. Un homme
libre. Il allait demander le divorce et en plus de
l'argent, il aura enfin l'amour. Le pouvoir, la
puissance. (*À Ruth*). Et c'est ainsi que ta mère a
soudain découvert qu'Israël était l'enfer.

RUTH

Je l'ai cru aussi.

DAVID

Tu étais une enfant et quand on t'a parlé d'une
maison dix fois plus grande que l'appartement
de Tel-Aviv, du jardin, de la grosse voiture, du
chalet.

MIRIAM

Et de la paix, de la sécurité.

DAVID

De la paix. Si tu veux. Je ne blâme pas ma fille. Je suis malheureux aujourd'hui d'apprendre qu'on avait décidé de l'envoyer en pension quand elle ne servait plus, quand elle n'était plus utile.

MIRIAM

Et pendant vingt ans tu ne t'en es pas soucié.

DAVID

(En colère). Je ne veux pas m'emporter. Demain, nous allons tous nous retrouver à la cérémonie. Et je voudrais qu'elle soit joyeuse.

RUTH

Elle le sera papa, je te le promets. N'est-ce pas Ben ?

BENJAMIN

Oui, chérie.

DAVID

(À Benjamin). Pendant des années, j'envoie des lettres qui demeurent sans réponse. Je persiste quand même. Il s'agit de ma fille. Et puis, des années plus tard, je reçois une lettre. Tu n'es plus mon père. J'ai un autre papa maintenant. Textuellement. J'ai mis des années pour me guérir, pour que la blessure se cicatrise. (À Ruth). Maintenant c'est fini, oublié (À Miriam). Mais revenons à ton vaillant chevalier. Toi aussi tu n'étais finalement qu'un pion dans son jeu.

Tant que ses enfants refusaient de le voir...

MIRIAM

Sa tendre épouse les en empêchait.

DAVID

Tant qu'il ne pouvait pas les voir, il se consolait avec l'enfant de son cousin. La femme ne lui suffisait pas. Il fallait lui enlever aussi sa fille.

MIRIAM

Sam aimait Ruth. Il était très attaché à elle. Elle aussi d'ailleurs.

DAVID

Jusqu'au moment où il s'est réconcilié avec ses enfants. Dès lors, la fille du cousin était bonne pour le pensionnat.

MIRIAM

Sarah Laurence College n'est pas un couvent.

DAVID

N'empêche que la fille bien-aimée est loin, ne se trouve plus sur son chemin.

MIRIAM

Tu es bien au courant !

DAVID

Sam est mon cousin. Je n'avais même pas besoin de poser des questions pour que, dès mon arrivée, de bonnes âmes m'aient bénévolement renseigné. Le pire c'est qu'une fois le coeur de la femme du cousin était devenue une acquisition permanente et que personne n'était là pour contester cette prise de possession, il y eut perte

d'intérêt. Et le beau monsieur s'en va comme il
est venu.

MIRIAM

Sam n'est pas retourné vivre avec sa femme
comme on l'a prétendu.

DAVID

Il t'a abandonnée et, je te jure que cela ne m'a
pas réjoui quand je l'ai appris. Car quoi que tu
penses, je ne cherche pas à me venger. Je souhaite sincèrement que tu sois heureuse.

MIRIAM

(*Ironique*). C'est généreux de ta part.

DAVID

Prends-le comme tu veux.

RIFKAH

Sam est mort, n'est-ce pas ?

MIRIAM

Oui, il a été emporté par un cancer du foie. Il
est mort seul. Parti en deux mois. Je ne l'avais
même pas su. Il n'a pas voulu me voir. Sa
femme non plus d'ailleurs.

RUTH

Il est mort alors que j'étais encore au collège ?

MIRIAM

Oui. Je ne te l'avais pas dit pour ne pas te per-
turber. Car, quoi que tu penses, je t'ai toujours
aimée plus que tout au monde.

RUTH

Je le sais maman. Tu peux continuer, tu sais. Tu

seras toujours ma maman.

MIRIAM

Je ne suis pas aussi sinistre que la noire image
que dessine de moi ton père.

RUTH

Il t'a aimée. Et tu l'as aimé aussi.

MIRIAM

L'amour ! Cela ne suffit pas toujours. Je rêvais
d'un homme fort qui sache où il allait, ce qu'il
voulait. Ton père était si sûr de son amour, si
décidé. Et c'était moi qu'il aimait. Je me suis
laissée prendre. Cela me semblait si merveilleux. Un rêve. Un très beau rêve. Mais il y a
ensuite le réveil. Que voulait-il faire de sa vie ?

RUTH

Et Sam ?

MIRIAM

Sam savait où il allait. Il prenait contrôle de
tout ce qu'il touchait. Et il était prêt à
abandonner femme et enfants pour moi !

RUTH

L'as-tu aimé ?

MIRIAM

Je ne sais pas. Je ne m'étais pas posé la question.
Je le suivais. Pour lui, c'était suffisant. Il prenait
le contrôle. Mon destin était sa préoccupation,
sa responsabilité.

RUTH

Et papa ?

Silence. Le regard de Miriam se perd dans le lointain.

RUTH

Et papa, l'as-tu aimé ?

MIRIAM

Au début, sûrement. Plus tard, je ne sais pas. Je crois. Je l'ai accompagné en Israël et cela ne semblait plus ce qui comptait. Pour lui non plus.

DAVID

Qu'en sais-tu ?

MIRIAM

Je te voyais glisser, petit à petit. Je n'étais plus le centre. Le pays, qui, au début n'était qu'un prétexte, prenait forme, commençait à exister. Ce n'était plus une diversion. Je me dis maintenant que tu aurais pu peut-être me retenir...

DAVID

C'est le bouquet. Je ne savais même pas que Sam était dans les parages, qu'il était venu te chercher.

MIRIAM

C'était arrivé si subitement. Il me donnait quarante huit heures pour me décider. Plus tard, en y réfléchissant, je suis arrivée à me convaincre que j'avais agi aussi pour ton bien. Je n'étais pas une femme pour toi.

DAVID

Tu aurais pu me demander mon avis. Je t'aurais persuadée du contraire. Tu n'étais peut-être pas une femme pour moi mais tu étais l'unique condition de mon bonheur.

RUTH

Comment peux-tu raisonner ainsi maman ? Est-ce que je suis moi la femme pour Ben ? Comment le savoir ?

BENJAMIN

(Rit). Oui, tu es bien la femme pour moi. Et moi, je le sais.

MIRIAM

En partant, je pensais aussi faire le bonheur de ma fille. Elle dépérissait dans ce désert.

BENJAMIN

(Rit). Un désert pourtant bien fleuri.

DAVID

Pourquoi l'as-tu empêchée d'avoir tout contact avec son père ?

MIRIAM

Oh. Je ne l'avais pas vraiment empêchée. Il fallait rassurer Sam. Il agissait envers elle en super papa.

RUTH

Au début.

MIRIAM

Oui, au début, si tu veux. Il ne fallait pas trop tirer sur la corde. Il était séparé de sa fille et de son garçon, qui avaient à peu près l'âge de Ruth. Il essayait d'oublier, de passer outre. Il n'y parvenait pas. Il ne se rendait pas compte quand il les avait quittés comme ils comptaient pour lui.

Il l'a découvert, au passage des jours et des semaines. Chaque jour davantage. Sam avait peut-être des défauts mais ce n'était pas le monstre que tu imaginais.

DAVID

Je n'imagine rien du tout. Après tout, c'était mon cousin.

MIRIAM

Mais tu n'es pas une femme. Avec une femme il était différent. Et quoi que tu penses, je sais qu'il m'a aimée. À sa manière, sans doute, mais il m'a aimée.

RUTH

Et toi ? Tu ne veux pas le dire. Tu esquives la réponse.

MIRIAM

Je ne cherche pas à esquiver, crois-moi. Je ne sais plus. Je lui en veux tellement pour ce qui s'était passé ensuite que cela obscurcit ma vision. Je ne sais pas. Tu dois t'en souvenir, Ruth. Il te traitait comme une princesse.

RUTH

Mais c'était très dur, après, quand il a changé.

MIRIAM

Il a retrouvé ses enfants.

RUTH

C'est terrible ce que tu dis, maman. Alors, moi, je n'étais qu'un intermède ? Un petit jouet pour

se consoler, en attendant ? Et c'est pour cela
que j'ai renié, que j'ai failli renier mon propre
père ?

MIRIAM

Tu l'as maintenant ton papa. Sam n'est plus là
et il ne risque plus de revenir.

RIFKAH

Je vais vous raconter une histoire. La mienne.
C'est la première et j'espère la dernière fois que
je le fais. Quand mon mari est parti, j'étais son-
née. Je ne comprenais pas. Tout allait bien entre
nous. Je le croyais. Oh, je sais qu'il avait envie
de vadrouiller. Il y avait plus. C'était un nomade.
Je ne m'en étais pas rendue compte. Il ne tenait
plus en place. Un jour, il m'a dit je veux quitter
Montréal. Viens avec moi. J'aurais dû accepter
de partir avec lui quand il me l'avait demandé.
Je lui avais ri au visage. Partir? Pourquoi ? Où ?
On était tellement bien chez nous à Montréal.
Et voilà, il était parti, tout seul.

BENJAMIN

(À Rifkah). On se fait toujours des reproches,
maman. Inutilement.

RIFKAH

Je sais, mon fils. Mais ce n'était pas pour cela
que je voulais parler. Je veux parler de toi, Ben.
Tu étais mon secours, mon recours, mon
refuge. Et puis, souvent, très souvent. par un
mot, une intonation, un geste, tu ressemblais à

ton père, tu me le rappelais. Parfois, j'étais tentée de t'éloigner afin d'oublier et puis aussitôt après, immédiatement, prise de remords, je te serrais contre moi, je t'embrassais. Tu étais un peu lui, mais tu étais toi. Et je te serrais doublement. Je l'aimais encore. J'ai gardé de lui l'image de l'amour, de mon amour et cela m'a permis de continuer, de survivre.

DAVID

Tu as dû être bien courageuse.

RIFKAH

Même pas. Je voulais survivre, d'abord pour moi-même, bien sûr, et je me donnais comme raison d'être, mon fils. (*Se tournant vers Miriam*). Et tout au long des années, je n'ai jamais prononcé un mot hostile à l'endroit de mon mari devant Ben. Ton papa est parti, lui disais-je. En voyage. Un jour, il reviendra. Je l'ai fait pour moi et pour lui. Un enfant n'aime pas davantage sa mère parce qu'il déteste son père. Au contraire. Il lui en veut de l'avoir privé de son père, de n'avoir pas su garder son mari.

BENJAMIN

Il ne me viendrait jamais à l'esprit de te faire des reproches, en tout cas, pas de reproches de cette nature, maman.

RIFKAH

Non, parce que ton père est à toi. Tu es allé le chercher. Tu l'as trouvé. J'aurais pu, sans doute, t'éviter une dure déception. Mais tu étais un homme et il était temps que tu affrontes le monde, le tien.

Silence

RIFKAH

(Rit). Et maintenant tu as trouvé un merveilleux beau-père.

BENJAMIN

Pas à défaut d'un père, maman.

RIFKAH

C'est bien de vous voir tous ici. Après la cérémonie, je vais aller retrouver mes compagnons de jeu. Je veux gagner le tournoi.

Silence

MIRIAM

(Triste, soupire). Et moi je retournerai à ma solitude.

RUTH

Ne te plains pas maman. Je ne suis pas morte. Et, de plus, tu as maintenant un beau-fils.

MIRIAM

Toute ma vie, je suis toujours trompée. J'ai toujours fait de mauvais choix. Les hommes, les pays...

DAVID

Tu n'as pas fait de mauvais choix.

RIFKAH

(*À David*). Ruth me dit que vous êtes heureux avec...

DAVID

(*L'interrompt*). Heureux ! C'est un si grand mot. On ne connaît son bonheur qu'une fois passé, envolé.

MIRIAM

En tout cas, tu as fini par aimer Israël.

DAVID

Oui, j'ai fini... Je sais ce que tu veux dire, Miriam. Tu ne croyais pas à mon amour, tu n'as jamais cru à ma passion. Ce n'est pas à cause de Sam que j'ai voulu quitter Montréal. Il était peut-être le déclencheur, le catalyseur. Je voulais vivre un amour là où la terre donne naissance à la femme et où la femme nourrit la terre.

RIFKAH

(*Rit*). Et l'homme ? Que fera-t-il ? Il sera là pour manger le fruit ? Il lui faut une femme pour le cueillir ?

DAVID

J'espère que vous viendrez tous nous visiter à Tel-Aviv. Je vous assure, là-bas, une promenade au bord de la mer vaut toutes les promenades du monde.

RUTH

Nous viendrons, papa. C'est peut-être trop tôt

pour moi. Tu reviendras toi-même, si tu veux. Tout me paraît tellement confus. Il faudrait attendre. J'ai besoin de tellement de patience. (*À Benjamin*). Tu sais, mon chéri, c'est Montréal qui est ma ville d'adoption et je n'ai pas l'intention de la quitter.

RIFKAH

(*À Miriam*). Tu n'as peut-être pas eu de chance avec les hommes. Dans un cas au moins, je le vois, ce n'était nullement un mauvais choix. Qui sait ? Le troisième homme serait peut-être le bon.

MIRIAM

Il n'y en aura pas de troisième. A moins qu'il soit tellement attentif, tellement décidé, bref, un homme pas comme les autres. Il vaut mieux rester seule, autrement. Pour l'instant, je n'ai besoin de personne. Je ne suis pas prête à rendre compte, tous les jours, de mes allées et venues, de mon comportement. Je ne veux plus de juge. Je peux m'occuper de moi-même.

~ Rideau ~

DU MÊME AUTEUR

~ ESSAIS, CRITIQUES ~

Le réel et le théâtral
Éditions Hurtubise HMH, Montréal 1970 ;
Éditions Denöel (coll, « Les lettres nouvelles »), Paris 1971.
Prix France-Canada 1971.

Reality and Theater
(traduction anglaise d'Alan Brown)
House of Anansi, Toronto.

La Mémoire et la promesse
Éditions Hurtubise HMH, Montréal 1978 ;
Éditions Denöel Paris 1979.

Écrivains des Amériques
Tome 1 « Les États-Unis » 1972 ;
Tome II « Le Canada anglais » 1976 ;
Tome III « L'Amérique latine » 1980.

Le Désir et le pouvoir
Éditions Hurtubise HMH, Montréal 1983.

Le Repos et l'oubli
Éditions Hurtubise HMH, Montréal 1987 ;
Éditions Méridiens-Klinksieck, Paris 1987.

Le Père (essai)
Éditions Hurtubise HMH, Montréal 1990.

La Réconciliation (essai)
Éditions Hurtubise HMH, Montréal 1993.

Portraits d'un pays
L'Hexagone, Montréal 1994.

Culture : alibi ou liberté (essai)
Éditions Hurtubise HMH, Montréal 1996.

Idoles et images (essai)
Éditions Bellarmin, collection l'Essentiel, Montréal 1996.

Figures bibliques (essai)
Éditions Guérin littérature, Montréal 1997.

Les villes de naissance (essai-récit)
Leméac, Montréal 2001.

L'écrivain migrant (essai)
Éditions Hurtubise HMH, Montréal 2001.

L'écrivain du passage (livre collectif sur Naïm Kattan)
avec un entretien avec l'écrivain.
Éditions Hurtubise HMH et Blanc Silex 2002.

La parole et le lieu (choix d'essais)
Édititions Hurtubise HMH, Montréal 2004.

Les temps du nomade (entretiens avec Sophie Jama)
Liber 2005.

~ THÉÂTRE ~

La Discrétion et autres pièces
Éditions Leméac, Montréal 1974.
~ ROMANS, NOUVELLES ~

Dans les déserts (nouvelles)
Éditions Leméac, Montréal 1974.

La Traversée (nouvelles)
Éditions Hurtubise HMH, Montréal 1976.

Le Rivage (nouvelles)
Éditions Hurtubise HMH, Montréal 1979 ;
Éditions Gallimard, Paris 1979.

Le Sable de l'île (nouvelles)
Éditions Hurtubise HMH, Montréal 1979 ;
Éditions Gallimard 1981.

La Reprise (nouvelles)
Éditions Hurtubise HMH, Montréal 1985.

The Neighbour (nouvelles traduites en anglais
par Judith Madley),
McClelland & Stewart, Toronto.

Adieu Babylone (roman)
Éditions La Presse, Montréal 1975 ;
Éditions Julliard, Paris 1976 ;
Éditions Albin Michel, Paris 2004.

Les Fruits arrachés (roman)
Éditions Hurtubise HMH, Montréal 1981.

La Fiancée promise (roman)
Éditions Hurtubise HMH, Montréal 1983.

La Fortune du passager (roman)
Éditions Hurtubise HMH, Montréal1989.

Farida (roman)
Éditions Hurtubise HMH, Montréal 1991.

A. M. Klein (roman)
Éditions XYZ, Montréal 1994.

La distraction (nouvelles)
Éditions Hurtubise HMH, Montréal 1994.

La célébration (roman)
Éditions l'Héxagone, Montréal 1997.

L'amour reconnu (roman)
Éditions l'Héxagone, Montréal 1999.

Le silence des adieux (nouvelles)
Éditions Hurtubise HMH, Montréal 1999.

L'anniversaire (roman)
Éditions Québec-Amérique, Montréal 2000.

Le gardien de mon frère (roman)
Éditions Hurtubise HMH, Montréal 2003 ;
Éditions du Rocher, Paris 2004.

Je regarde les femmes (nouvelles)
Éditions Hurtubise HMH, Montréal 2005.

Châteaux en Espagne (nouvelles)
Éditions Hurtubise HMH, Montréal 2006.

Achevé d'imprimer
à Montréal
en octobre 2006
par
des Livres et des Copies inc.